이나모리 가즈오

생각의 힘

The Power of Thinking

이나모리 가즈오

생각의 힘

The Power of Thinking

당신의 삶을
바꾸고 싶다면
지금,
생각을 바꿔라

이나모리 가즈오 지음
양준호 옮김

한국경제신문

100년 후를 향해
함께 걷는 여러분에게

—

지금으로부터 100년 후엔 대격변의 시대가 도래할 것
입니다. 인류가 그때까지 존재할지 아닐지는 앞으로
100년을 짊어지고 살아갈 젊은이들의 두 어깨에 달려
있습니다.

100년 후 지구상의 인구는 아마도 100억 명을 넘어
설 것으로 생각됩니다. 이 100억 명의 인류를 지구는
감당해줄 수 있을까요? 현재 지구온난화를 비롯한 환
경 문제 등은 논란이 되고 있지만, 이를 뛰어넘는 여
러 난관이 지구상에 살아남으려는 우리 앞에 놓이게
될 것입니다.

인류의 욕망은 앞으로도 끝없이 확장되고 식량, 에

너지 문제 등으로 세상이 시끄러울 것입니다. 그렇기에 100년 후 여러분에게 가장 중요한 것은 훌륭한 성품을 간직하는 것이라고 생각합니다. 인간에겐 '이기심'과 '이타심'이 있습니다. '나만 잘되면 된다'라고 생각하는 이기적인 마음과 타인을 위하고 사랑하는 이타적인 마음이 함께 공존하고 있습니다.

100년 후의 여러분은 이런 이기적인 마음을 버려야 할 것입니다. 여러분을 위해 그리고 이웃을 위해 힘쓰는 이타적인 마음을 깨우치고 늘어난 인구를 감당하고자 지구상의 부족한 자원과 에너지를 공유하는 일이 절실할 것입니다. 저는 인간의 인성이 가장 중요시

되는 때가 바로 100년 후의 시대일 거라 생각하고 있습니다.

그때까지 인류가 훌륭하고 아름다운 성품을 얻어낸다면 어떻게든 살아남을 수 있을 것이라 믿습니다. 그러나 '나만 잘되면 된다'는 이기적인 마음이 이대로 지속된다면 인류는 서로 싸우고 수탈하는 비참한 상황을 맞이하겠죠. 향후 100년간 인간의 성품을 어떻게 바꿔갈 것인가 하는 문제는 인류에게 주어진 가장 큰 숙제입니다.

제가 인생에서 얻은 경험과 그 경험을 통해 얻은 생각들을 이 책에 담았습니다. 아무쪼록 제 인생을 통해

100년 후를 향해 함께 걸어갈 여러분과 100년 후의 여러분이 앞으로의 인생 또는 삶의 방법에 대해 진지하게 고민해보길 바랍니다.

이나모리 가즈오

차례

이나모리 가즈오 생각의 힘
The Power of Thinking

이나모리 가즈오 **생각의 힘**
The Power of Thinking

1장

인생은 생각하기 나름이다

인생은 생각하기 나름이다

인생을 결정하는
세 가지 요소

○

_____ 인생과 일, 공부 등에서 누구나 좋은 결과를 얻고자 합니다. 이나모리 회장님은 인생과 일의 결과를 나타내는 방정식에 대해 언급하셨지요. 세 가지 요소를 종합해보면 그 인생의 결과가 나타난다고 하셨습니다.

●

저는 인생과 일의 결과가 다음과 같은 방정식에 의해 결정된다고 생각합니다.

인생·일의 결과 = 능력×열의×사고방식

이 방정식은 제 경험을 통해 얻은 것이고 평균적인 능력만을 가진 사람이 멋진 인생을 보낼 수 있는 방법은 없을까 하는 물음에서 비롯된 것입니다.

우선 첫 번째 요소는 '능력'입니다. 저는 지방 대학에서 공부하고 회사에 취직했습니다. 전심전력으로 공부해 나름대로 좀 우수했다고 생각합니다만, 일류 대학을 우수한 성적으로 졸업한 사람과 비교하자면 학문적 능력 면에서 전 그다지 특출난 사람은 아니었다고 생각합니다. 그러나 능력만으로 인생이 결정되는 것은 아니기 때문에 분명 다른 요소도 존재할 것이라 생각했지요.

그중 하나가 바로 두 번째 요소인 '열의'입니다. 인생을 살면서 어느 정도의 열의를 가져야 하는가는 매우 중요한 요소입니다. 그렇기에 저는 누구에게도 뒤떨어지지 않을 만큼의 노력을 하자고 마음먹었습니다. 능력은 그다지 높은 수준이 아니니 열의에 있어서

만큼은 어느 누구와 비교해도 지지 않으리라 생각한 것이지요.

　저는 그것을 '누구에게도 지지 않을 노력'이라고 말합니다. 많은 사람이 흔히 '노력하고 있다'고 말하곤 하지만 그 정도의 노력으론 부족합니다. '정말로 누구에게도 지지 않을 노력을 하고 있는가' 하는 물음에 걸맞는 강한 열의가 요구된다는 것입니다.

○

＿＿＿＿＿＿ 본인 스스로 '능력'이 없다고 말씀하셨는데, '열의'를 통해 그것을 상당 부분 보완했다고 생각하십니까?

●

그렇습니다. 가령 능력이 0점부터 100점까지 존재하고, 열의도 0점부터 100점까지 존재한다고 해봅시다. 이럴 경우 제 능력은 그다지 높지 않은 수준인 60점대로 매길 수 있겠고, 열의는 평소 남들보다 배로 더 열심히 하자고 다짐해왔기에 90점 정도를 줄 수 있겠군요. 따라서 60점×90점(5,400점)이 제 점수가 됩니다.

반면 일류대학을 우수한 성적으로 나온 사람의 경우 능력은 매우 훌륭해서 90점대이지만, 그 능력에 우쭐해 노력을 게을리한다면 그 열의는 40점대입니다. 이 경우 90점×40점(3,600점)이 그의 점수가 됩니다. 단연코 열의 여부에 따라 결과는 변하게 됩니다.

재능이 없는 사람이라도 자신의 의지로 변할 수 있습니다. 이것이 제가 남들보다 두 배의 열의를 불태운 이유입니다.

사고방식이
인생을 바꾼다

그러나 '능력'과 '열의'보다 중요한 요소가 바로 '사고방식'입니다. 이는 그 사람이 마음에 품고 있는 인생관·가치관 또는 철학과 같은 것을 말합니다.

무언가 잘 진행되고 있음에도 매우 걱정하고 비관적으로 생각하는 사람이 있는 반면 무엇이든 잘 진행될 것이라고 낙관적으로 사고하는 사람이 있습니다. 자신이 처한 환경을 탓하며 이런 모순된 세계에서 어떻게 살아남겠는가 또는 진지하게 일할 수 있겠는가 하면서 비굴한 사고를 하는 사람도 있을 것입니다. 또한 당장은 고통스럽고 가난하지만 가족을 부양하고자 힘을 내 꿋꿋이 앞으로 나아가는 사람도 있을 것입니다.

'사고방식'은 −100점에서 +100점까지 존재합니다. 다시 말해 '능력'과 '열의'는 0점부터 100점까지, 즉 플러스(+)뿐인 지표이지만 '사고방식'은 마이너스(−)가 존재한다는 것입니다.

세상을 원망하고, 정상적인 삶의 방식을 부정하며, 거짓말을 잘하고, 과거에 속박된 채 불성실하게 살아가는 이런 부정적인 사고방식을 가진 이라면, '능력'이 있으면 있을수록 그리고 '열의'가 강하면 강할수록 인생과 일의 결과는 커다란 마이너스에 직면하게 되는 법이지요.

○

_____ '능력'과 '열의'가 다른 사람보다 높더라도 '사고방식'에 의해 커다란 마이너스가 될 수 있다는 거군요.

●

네, '사고방식' 하나로 인해 인생이 와르르 무너질 수 있습니다. 좋은 '사고방식'으로 이런 것들을 꼽을 수 있겠네요. 긍정적이고 건설적일 것, 모두와 함께 걷고자 하는 협조적 태도를 가질 것, 선의로 가득 차 있을 것, 동정심과 상냥함을 가지고 있을 것, 정직하고 진지할 것, 노력을 아끼지 않을 것, 이기적이지 않고 욕심을 부리지 않을 것, 그리고 감사하는 마음을 가지고 있을 것….

구직 활동을 하고 있던 당시의 제 입장에선 입시에 실패하고 결핵을 앓는 등 뭐 하나 잘 풀리지 않았지만, '앞으로 신께서 행운을 주실 테니 희망을 버리지 말고 긍정적으로 살아가자'라고 생각하며 간신히 버텨

내곤 했습니다. 그리고 이후 선생님의 소개로 교토 회사에 취직되어 새로운 길이 열리게 되었지요.

이런 긍정적이고 밝은 마음을 가지고 있으면 풍족하진 않더라도 처한 그 상황을 뛰어넘는 것이 가능합니다. '능력'이 모자라거나 역경에 몰리더라도, 늘 훌륭한 미래가 기다리고 있을 것이라 믿고 살아간다면 그것만으로도 인생은 잘 풀리기 마련입니다. 절대로 자신의 장래가 불운하다고 생각해서는 안 됩니다. 다시 강조하지만, 자신의 미래에 분명 행운이 기다리고 있을 것이라 믿는 것이 매우 중요합니다.

인생은 우리가 어떻게 생각하는가에 따라 변해간다.

훌륭한 사고방식을 가지고 있다면,

그것만으로도 인생이 잘 흘러가기 마련이다.

2장

좌절과 실패를 견뎌내다

좌절과 실패를 견뎌내다

입시에 실패하다

○

이나모리 회장의 소년 시절부터 회사에 취직할 때까지의 인생은 투쟁과 공습, 입시 실패, 질병 등 대사건의 연속이었고 끝내 이러한 역경 속에서 살아남았습니다. 그중에서도 특히 기억에 남는 가장 힘들었던 일은 무엇일까요?

●

모든 것이 힘든 경험이었다고 생각됩니다만, 제가 열세 살이던 무렵 끝난 제2차 세계대전 때 가고시마가 공습으로 불타버리고, 또 저의 본가도 전부 불타버리고 만 일이라고 생각합니다.

저희 집은 인쇄소를 해 비교적 유복한 가정이었습니다. 그러나 공습으로 집과 공장이 모두 불타버린 탓에 정말로 가난한 생활을 하게 되었지요.

1944년 봄 저는 가고시마 시립 니시다소학교를 졸업하고 중학교 입시를 맞았습니다. 이때 한 동네 친구가 지역 명문인 가고시마 제1중학교(현 츠루마루고등학교)에 들어가고자 했습니다.

응석꾸러기에 골목대장이던 저는 저보다 약한 아이가 중학교에 가는데 대장인 제가 중학교에 가지 못할 리가 없다는 생각에, 같은 제1중학교 시험을 봤습니다. 공부는 거의 하지 않았지만 '뭐 힘내면 어떻게든 되겠지' 하고 가볍게 생각했지요.

당시 담임선생님은 이런 내게 '이 녀석 나쁜 짓만 골라서 하고!'라는 말이 담긴 듯한 눈초리를 주셨지요. 그리고 "네가 제1중학교에 붙을 리가 없다"고 말씀하셨습니다. 지망 학교로 보내는 학생부에도 그리 좋은 내용을 적어주지 않은 것 같았죠. 결국 전 불합격했습

사쿠라지마와 공습으로 불타버린 가고시마 시내. (촬영: 히라오카 쇼자부로)

니다.

　이후 어쩔 수 없이 보통 소학교를 졸업한 아이들이
진학하는 진죠고등소학교(당시는 국민학교 고등과)에 입
학하게 되었고, 제1중학교는 다음 해에 도전하기로 마
음먹었습니다. 얼마 전까지 부하였던 친구가 제1중학
교 교복 차림으로 다니는 걸 볼 때마다 착잡한 기분이
들었던 것이 아직까지도 기억에 남습니다.

다른 길을 열다

당시 많은 학생들이 그랬던 것처럼 저는 학교에서 유급 봉사 활동을 하고 또 아침저녁으로 신문배달을 했습니다만, 그해 말 저는 결핵에 걸리고 말았습니다.

미열이 있어서 모친과 함께 병원에서 진찰을 받았는데 "결핵입니다"라는 선고를 받게 된 것이지요. 당시 우리 집에서 떨어져 있는 곳에 살고 있던 아버지의 동생, 그러니까 저에게 삼촌 되시는 분이 결핵에 걸리고 그 아내에게 전염되어 두 분 다 돌아가시는 일이 있었습니다.

결핵은 결핵균에 의해 감염되는 것을 책에서 봐 알고 있었기 때문에 삼촌 집 앞을 지날 때면 항상 숨을 참고 코를 막은 채 달려나갔습니다. 그러나 어린아이였기 때문에 도중에 숨이 차올라 심호흡을 하게 되곤 했지요. 당시만 해도 결핵은 치료 불가능한 병이라 알려져 있었기에 과민반응을 했던 것인데, 그만 저도 결핵에 걸리게 되었습니다.

그 미열이 있는 몸으로 명문인 제1중학교에 재도전했습니다만 또 불합격하게 됩니다. 아팠기 때문에 중학교에 진학하는 걸 포기할까도 생각했었습니다. 당시 소학교를 졸업하고 취직하는 사람이 많이 있어서 양친도 "어쩔 수 없구나" 하고 말씀하셨습니다.

그러자 담임이었던 도이 선생님이 "너는 어떻게 해서든 중학교에 가야 할 인재란다. 소학교 졸업으로 끝내면 안 된다"라고 말해줘 다른 사립중학교(가고시마중학교)에 원서를 제출하러 가기로 했는데, 공습이 격심해 방공두건을 쓰고 가야 했지요.

돌아오는 길에 집에 들러 "원서 제출했으니깐 미열이 있어도 반드시 시험 치르러 갈 거예요"라고 말했습니다. 결국 저는 도이 선생님의 열의로 입시를 치를 수 있었고 가고시마중학교에 진학하게 되었습니다.

○

_____ 절망의 바닥에 있던 이나모리 회장님의 심정을 그 선생님이 구해주신 거네요.

●

"포기하지마! 아직 길은 있어"라고 말하던 도이 선생님 열의가 이끈 입학이었지요. 만약 도이 선생님이 안 계셨다면 저는 분명 소학교만 졸업한 채 취업전선에 뛰어들었을 것이라 생각합니다.

파란만장한
학생 시절

중학교 3학년 시절 지금의 6 · 3 · 3 교육 제도로 바뀌었고 과거의 중학교는 현재의 중학교와 고등학교로 나뉘게 되었습니다. 대부분 학생은 새롭게 바뀐 고등학교로 진학하는 경우가 많았습니다. 아버지는 제가 중학교를 졸업하고 취직하기를 기대하셨습니다만 부모님을 설득한 끝에 저는 고등학교에 진학할 수 있었습니다.

중학교에서 장학금을 받고 수업료를 면제받았기에 고등학교에서도 그러면 될 것이라 생각했었습니다. 가고시마중학교의 교장이었던 카라시마 마사오 선생님이 저희 학생들과 함께 고등학교로 오셔서 저의 담임을 맡게 되셨습니다. 이 선생님은 아주 훌륭한 인격자셔서 저는 진지하게 공부를 하게 되었고 성적도 오르게 되었습니다. 입학 당시의 성적은 중간 수준이었습니다만 졸업할 때쯤엔 상위권까지 올랐고, '나도 하면 되는구나' 하는 자신감과 노력하면 보상받는다는 경험을 얻게 되었습니다.

그렇게 고등학교를 졸업하고 지역의 은행에라도 취직해 가계에 도움을 주고자 생각했었습니다만, 카라시마 마사오 선생님으로부터 대학 진학을 권유받았습니다. "가즈오 군을 대학에 보내주십시오. 다른 학생에겐 없는 무언가를 가지고 있는 아이입니다"라며 몇 번이고 집까지 찾아와 양친을 설득해주셨습니다. 장학금을 받고 모자란 부분은 아르바이트로 채우면 어떻게든 생활이 가능할 것이라는 말씀에, 집이 가난하니 제 스스로 감당할 수 있다면 진학해도 좋다며 결국 부모님도 뜻을 꺾어주셨지요.

학문과는 거리가 있던 아버지셨습니다만, 인쇄소를 운영하시며 인쇄에 사용되는 금속제 활자를 언제나 다루고 계셨기에 문장을 읽는 것이 특기였습니다. 그래서 "기왕에 간다면 제국대학●에 가라"라고 말씀하셨습니다. 아버지께선 저를 포기하게 할 생각으로 어려운 대학을 일부러 언급했다고 생각합니다.

저는 선생님께 "규슈대학에 지원할까 합니다" 하고 말했습니다. 후쿠오카에 친척이 있냐 물어보셔서, 없다고 답하니 "후쿠오카까지 갈 생각이라면 오사카대학까지도 갈 수 있을 거라 생각되는데, 거기 한번 지원해보는 건 어떠니?" 하고 말씀하셨습니다.

그렇게 대학을 목표로 하게 되고부터는 "나는 머리가 나쁘니까 남들의 두 배는 노력을 해야 해. 남들이 두 배 노력을 하면 나는 다섯 배 노력을 하자"라고 입버릇처럼 말하며, 밤에 잠도 줄여가며 필사적으로 공부했습니다. 그러나 오사카대학 의학부 약학과에 지원했지만 또다시 불합격하고 말았습니다.

이야기가 조금 순서가 바뀌었습니다만, 약학과를

● 동경제국대학, 교토제국대학을 비롯한 9개의 대학을 가리킨다.

지원한 계기는 어린 시절 앓았던 결핵의 경험으로 신약 개발을 연구하는 연구자가 되고 싶었기 때문입니다. 중학교 입시에서 두 번이나 실패했었기에 이번엔 반드시 붙으리라는 각오로 열심히 공부했지만 결국 안 되었고, 재수할 여력이 없었기에 시험일이 늦었던 가고시마대학 공학부에 지원해 합격하게 되었지요.

○

_____ 파란만장한 인생, 그러던 중에 도와주신 분들과의 만남, 이런 것이 지금의 이나모리 회장님의 업무 대처 방법이나 사고방식에도 영향을 주었습니까?

●

저는 지금까지 시의적절하게 훌륭한 분들을 만났고, 그분들의 아낌없는 지원과 조언 덕분에 지금의 제가 있게 되었다고 생각합니다. 도이 선생님, 카라시마 선생님께서 다음 학교로 진학할 수 있게 도와주셨듯이 말입니다. 저는 일을 할 때도 줄곧 여러 사람들의 선의를 받아왔습니다.

저뿐만이 아니고 누구든지 인생을 살아가면서 이런 분들과 만나게 된다고 생각합니다. 가족, 친척, 선생님, 친구 등 다양한 상황에서 다양한 사람들에게 조언을 받을 수 있습니다.

손익과 관계없이 협력해주는 사람들의 선의를 곡해 없이 받아들일 마음이 자신에게 있는가 없는가에 따라 인생이 변해가는 것이 아닐까 생각합니다.

(왼쪽) 나는 한마디로 '좌절투성이의 청춘 시절'을 보냈다.

열두 살 때 지망하던 중학교 입시에서의 실패.

결핵에 걸려 다음 해 사립중학교에 진학.

그리고 제1지망이던 오사카대학 입시에서도 실패.

결국 지역의 가고시마대학에 들어가게 되었다.

:

(오른쪽) 대학 시절 사진이다. 앞 열 오른쪽이 이나모리 회장.

공부는 정말 열심히 했는데, 참고서가 비싼 탓에 매일 도서관에 갔다.

3장

불운에 지지 말라

불운에 지지 말라

교토의 회사에
취직하다

○

_____ 대학 졸업 후 취업난을 겪으시다 교수님 소개로 교토의 회사에 들어가신 듯한데, 막상 입사하고 보니 회사가 불안했다지요?

●

제가 대학을 졸업하고 취직했을 때가 1955년입니다. 한국전쟁이 끝나고 군수물자 수요가 사라진 탓에 경기가 안 좋아졌지요. 그래서 취직할 곳을 구하기 힘든 시기였습니다.

당시는 성적이 좋더라도 뒷배경이 없으면 채용해주

지 않던 시기여서 몇몇 회사에 응시해봤으나 채용되지 못했습니다. 그래서 제가 대학 시절 신세를 많이 졌던 다케시타 선생님 소개로 간신히 쇼후공업이라는 회사에 입사했습니다. 쇼후공업은 일본에서 처음으로 고압애자●를 제작한, 당시 어느 정도 유명한 회사였지만 입사해보니 경영 상태가 안 좋다는 것을 알 수 있었습니다. 은행 대출을 받지 않으면 직원들 봉급도 제대로 지불할 수 없을 정도였지요. 봉급날마다 1주일만 기다려 달라는 말에 놀라곤 했습니다.

저는 얼마 안 되는 돈으로 교토에 왔기 때문에 수중에 남은 돈이 얼마 없었습니다. 들어가 지내던 직원 기숙사는 다 쓰러져가는 폐가나 다름없어서 그곳은 자는 것 외에는 아무것도 할 수가 없었지요. 돈이 없었기에 작은 풍로를 하나 구해와 방에 놓아두었고 된장국과 밥으로 식사를 때우고 급료가 나오기만을 기다리는 생활을 했습니다. 취업난이라고 할 상황이었

● 송전선에서 고압전류가 철탑에 흘러가지 않도록 막는 역할을 하는, 도자기로 만든 절연기구.

지만 이런 회사임에도 대졸 신입직원이 저를 포함해 다섯 명이나 있었습니다. 첫 달부터 급료가 제대로 나오지 않았기에 점심시간에 그 다섯 명이 모여 "이런 회사라곤 전혀 생각지 못했어"라거나 "장래가 없어 보이니, 어서 그만둬야겠어" 등의 이야기가 오가곤 했지요. 결국 실제로 한 명, 두 명 그만두는 식으로 가을 즈음엔 모두 그만두게 되었습니다.

○

_____ 그럼 남은 건 이나모리 회장뿐이었습니까?

●

저도 사실은 그만두고 싶었지요. 그러나 이직할 회사가 없었습니다. 그래서 '과연 그만둔다고 내 인생이 좋은 방향으로 흘러갈까?' '그냥 여기에 남는 것이 나을까?' '이런 불평불만으로 그만둔다면 다른 곳으로 가도 잘될 리가 없지 않은가?' 하는 따위의 고민들로 나

날을 보냈습니다.

○

_____ 남느냐, 떠나느냐 고민이 많으셨군요.

●

여러 가지를 고려해보건대 남지 않을 수 없었습니다. 당시 저는 회사 일이 끝나면 역 앞의 야채가게에 식재료를 사러 가곤 했습니다. 주로 먹었던 것이 밥과 된장국 정도였기에 유부 한 장과 파, 배추 정도를 샀습니다. 한번은 그 야채가게 주인이 전쟁 전 쇼후공업에서 일했다며 말을 걸어왔습니다.

"평소 보지 못한 얼굴인데, 어디서 왔습니까?"

"가고시마대학 졸업하고 쇼후공업에 입사했습니다."

"먼 곳에서 오셨네요. 저런 만신창이 회사에 있다 보면, 어떤 여자도 시집 안 올 텐데요."

간신히 가고시마에서 나와 취직했는데, 점점 삶이

1955년 교토의 쇼후공업에 입사했다.
양친은 1906년 창업된,
전통 있는 고압애자 제조회사에 취직되었다고 기뻐하셨지만….

비참해지고 기분도 가라앉았지요. 그때 문득 이런 생각이 들었습니다. 이렇게 힘든 현실 속에서 그저 살아가는 것에만 집중한다면 제대로 된 인간이 될 수 없다고요. 회사에 남든 그만두든 간에 불평이나 불만을 되풀이한다면 인생은 절대로 좋은 방향으로 흘러가지 않을 거라고 생각했습니다.

일을 좋아하게 되면
모든 것이 변한다

쇼후공업이라는 회사는 일반적으로 도자기에 사용되는 원료를 사용해 송전선용의 애자를 만들었습니다. 제가 배속된 곳은 연구과였습니다. 그리고 이런 말을 들었지요.

"일렉트로닉스의 시대가 올 것이니, 신 세라믹스(현재의 파인세라믹스●)라는 새로운 분야의 연구를 원한다. 자네가 가고시마대학에서 매우 우수했다고 들었는데, 그 연구를 이끌어주게."

그때 저는 연구에 몰두한다면 이 힘든 현실도 잊을

● 고순도의 재료를 사용해 엄밀하게 관리된 제조 방법을 통해 제작된 가지각색의 성질이나 기능을 가진 특수한 기구로, 일렉트로닉스 기구에 꼭 필요한 재료 중 하나다.

수 있을지 모른다고 생각했습니다.

○

_____ 연구에 몰두한 이유가 힘든 현실 때문이
었다고요?

●

그렇습니다. 그렇게 생각하고 연구에 몰두하기 시작
했는데 점점 일에 재미를 느끼기 시작했습니다. 필사
적으로 몰두했기 때문에 회사에서 기숙사로 돌아가는
것도 귀찮을 지경이었지요. 연구실에 살림도구를 챙
겨와 생활하며 아침저녁으로 계속 실험과 연구에 몰
두했습니다.

○

_____ 하루 종일 오로지 연구에만 매달리셨군요.

●

네, 그러다 보면 싫은 일을 전부 잊게 되고 정신적으로 편해지더군요. 그리고 계속해서 좋은 연구 성과를 낼 수 있었습니다.

상사에게 "이런 실험 성과가 나왔습니다"라고 보고하면 매우 기뻐했어요. 임원들까지도 연구실에 찾아와서는 "자네가 하고 있는 그 연구로 회사를 다시 세워보고 싶네"라고 격려해줬습니다. 그러다 보니 스스로 더 연구에 몰두하게 되었고 힘을 낼 수 있었습니다. 이후 모든 일들이 좋은 방향으로 흘러가기 시작했습니다.

○

_____ 사고방식을 바꿔 몰두했기에 선순환이 생겨났다는 거군요.

그렇습니다. 세라믹스 학회 등에 가서 "지금 이런 연구를 하고 있습니다" 하고 이야기를 하면 굉장하다거나, "미국의 유명한 회사가 지금 같은 방향의 연구를 하고 있습니다"와 같은 이야기를 듣게 되었죠. 그때마다 세계 최첨단의 연구를 제가 하고 있다는 생각에 자부심을 느꼈고, 점점 더 의욕이 솟구치더군요. 모든 일을 긍정적으로 해석하다 보니 부정적인 것이 없어지게 되었고, 모든 것이 밝고 미래 지향적이고 또 긍정적으로 바뀌게 되었습니다.

'일을 좋아하는 것'이 가능해지면 거기서부터 선순환이 생겨납니다. 그것이 사실 인생에서 가장 중요한 것이라는 걸 나중에서야 깨닫게 되었습니다. 그리고 꾸준히 한 가지 일에 매달리는 노력이 머지않아 위대한 결과를 이룩하는 것이 아닐까 싶습니다. 흔히 '지속은 힘이다'라고 말합니다. 인생에서 가장 중요한 것은 바로 이 '지속', 즉 같은 일을 진지하게 지속해나가는 것이라고 생각합니다.

제가 젊은 세대에게 꼭 전해주고 싶은 것은 이런 견실한 노력을 중히 여기는 자세입니다. 공부나 스포츠에 한하지 않고 취직해서 자신의 인생을 쌓아올리고 있는 사람들에게도 주어진 임무를 천직으로 생각해 한평생 그 일을 지속해나갔으면 합니다. 이러한 자세가 충실한 인생을 보내기 위해 무엇보다도 필요하다고 생각합니다.

한 가지 더 덧붙이자면 처음부터 자신이 좋아하는 업무를 맡게 되는 행운아는 많지 않다고 생각합니다. 대다수의 사람들이 어쩌다 보니 지금의 업무를 하게 된 것일 테지만 그 일을 좋아할 수 있도록 스스로 노력해야 합니다. 이러한 노력이 일에 대한 지속성을 얻는 지름길입니다.

제가 반세기 이상 일에 몰두해 많은 사업을 육성하는 것이 가능했던 것은 이런 꾸준한 노력을 지속해왔기 때문이라고 생각합니다.

한번 결심한 것은
절대 바꾸지 않는다

○

_____ 그 연구를 시작하고 1년 반 정도가 지나서 새로운 세라믹스 합성에 성공하신 거군요.

●

일본 최초였습니다. 그 새로운 재료를 사용해 제품화한 것이. 마쓰시타전기산업(지금의 파나소닉)의 전자부품이었습니다. TV 방송이 갓 출범한 당시 마쓰시타전기산업은 TV 브라운관을 제작하기 위해 네덜란드 필립스사로부터 'U자 켈시마'라 불리는 부품을 수입하고 있었습니다. 그것은 특수한 세라믹을 사용한 부품으

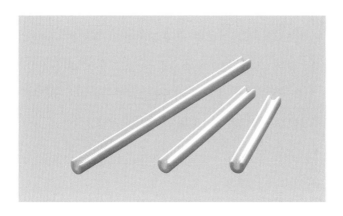

TV 브라운관의 절연부품으로 사용되는 'U자 켈시마'.
그 재료인 포오스테라이트의 경우 일본에서 처음으로
이나모리 회장이 그것의 합성에 성공했다.

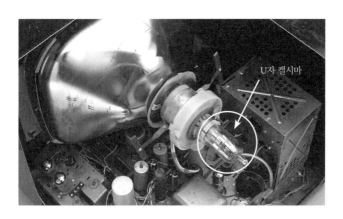

U자 켈시마

로, 제가 개발한 것이 그 재료였기 때문에 마쓰시타전
기산업으로부터 제작을 부탁받게 되었습니다.

마쓰시타전기산업은 'U자 켈시마'의 수입을 중지한
뒤 전부 국내화했으며 쇼후공업은 그 마쓰시타전기산
업을 위한 제품 생산을 시작했습니다. 주문이 폭주했
고 이후 점점 많은 부품을 납품하게 되었습니다.

○

_____ 그렇게 잘나가시던 상황이었는데 어째
서 이후 회사를 그만두셨나요?

●

마쓰시타전기산업으로부터의 주문이 늘자 업계 내에
서 그것이 점점 유명해졌습니다. 어느 날 제가 새롭게
개발한 세라믹의 재료로 진공관을 만들 수 없을까 하
고, 히타치 제작소의 기술자가 교토까지 찾아왔습니
다. 자세한 이야기를 들어보니 당시 거대 전기회사인
제너럴일렉트릭(GE)에서 새끼손가락 크기의 진공관

제작을 시작했고, 그것과 같은 것을 만들어주길 바란다는 것이었습니다. 세계에서도 미국의 한 회사정도밖에 하고 있지 않은 세라믹 진공관을 만들 수 있다는 기대감에 저는 그 제안을 기꺼이 받아들였습니다.

이후 전심전력으로 제작에 힘썼습니다만 꽤 어려움을 겪었지요. 몇 차례 시험 제품을 완성해 가져갔으나 번번이 퇴짜를 맞았습니다. 어느 날 히타치 간부는 우리 회사 간부에게 전화를 걸어 빨리 제품화해주지 않으면 곤란하다는 메시지를 전했습니다.

그리고 새로이 기술부장이 된 사람이 제게 찾아와 "히타치에서 부탁한 시험 제품이 잘 안 풀리는 듯한데, 어떻게 되어가고 있지?" 하고 물었습니다. "조금 더 시간이 걸릴 것 같습니다"라고 대답하니, "역시 그건 자네에게겐 무리로군" 하고 말하더군요. 당시 회사에는 일본 최고 명문대학인 교토대학 공학부 출신 선배들이 대거 포진해 있었고, 결국 "그들에게 업무를 맡길 테니, 자네는 이제 손을 떼게"라는 통보를 받게 되었습니다.

기술부장은 민영 철도회사 연구소에 있던 사람으로 그 전년도에 회사에 들어와 이 분야에 대해서는 아무것도 모르는 사람이었습니다. 그럼에도 그런 지독한 말을 한 겁니다. 더욱이 제가 맨바닥에서 연구를 시작해 마쓰시타전기산업 제품을 다룰 정도로 만들어놨음에도 말이지요. 순간 욱해서 저는 "그럼 다른 사람에게 맡기시지요. 전 그만두겠습니다"라고 말했습니다.

그리고 이런 대화가 이어졌어요. "아니, 그만두라 하지 않았네." "기술자로서의 제 권위를 모욕하는 언사를 듣고, 더 이상 이 회사에 있을 수 없습니다." "그리 말하지 말게." "저도 인간으로서 자존심이란 게 있습니다. 그만두겠습니다."

이것이 금방 사장의 귀에도 들어가 "자네를 어떻게 해서든 붙잡고 싶네. 급료도 올려주겠네"라는 말까지 들었지만 "남아일언중천금입니다. 결심했으니 바꾸지 않겠습니다"라고 확실하게 입장을 밝히고 그만뒀습니다. 저도 젊었기 때문에 고집이 있었던 거죠.

_____ 회사를 그만두고 갈 곳이 있었습니까?

●

딱히 갈 데가 없었죠. 그저 그 연구를 다른 사람에게 시킬 테니 손을 떼라는 위에서의 일방적인 말을 들을 바엔 그만두겠다는 결단을 내린 겁니다.

저는 파키스탄에 갈까 하고 생각했습니다. 과거 파키스탄에서 애자를 만드는 대기업 사장 아들이 공부를 위해 절 찾아와 한 달 정도 머물렀는데, 그때 세라믹에 대해 가르쳤었습니다. 그리고 귀국을 앞둔 그로부터 파키스탄 공장에 오지 않겠냐는 권유를 받았지요. 그때 제시한 월급이 얼마였냐면 당시 제가 받고 있던 월급의 세 배 수준이었습니다.

그 정도라면 시골에 계신 양친께 많은 돈을 보내드릴 수 있겠다 싶었지요. 지금까지 겪으신 고생에 보답하고 싶었던 겁니다. 그러나 당시 진행하던 연구가 재미있었기 때문에 끝내 거절했습니다.

갑자기 회사를 그만두어 갈 곳이 마땅치 않았던 저는 파키스탄의 그에게 편지를 보냈습니다. 그리고 "와주신다면 환영합니다"라는 답장이 왔습니다. 마음이 흔들렸습니다. 당시 이에 대해 상담을 해주신 분은 가고시마대학 은사였던 우치노 마사오 선생님입니다. 선생님은 중국에서 경금속 회사 창설에 관여한 기술자이자 제 능력을 높게 평가해주셨던 분이지요.

그런데 선생님은 냉엄한 어조로 "그건 절대로 안 된다"며 호통치셨습니다. "첨단기술은 일진월보하는데, 자네가 파키스탄에 조금씩 기술을 팔아먹으며 5년 정도 지내다 이후 일본으로 돌아오면, 일본 업계는 확 바뀔 것이고 자네 기술은 쓸모없게 될 것이야. 그러니 일본에 남아 지금의 연구를 계속하게나"라고 말씀하셔서 그것을 단념하게 되었습니다.

○

_____ 이나모리 회장님은 대학을 졸업하고 새로운 세라믹을 연구하기 시작하신 것 같은데, 대학에서는 이 분야의 전문지식을 체득하지 못하셨나 봐요?

●

대학 전공은 응용화학으로 석유화학, 특히 합성수지 같은 유기화학 분야를 공부했었습니다. 석유화학의 세계는 좀 더 발전해갈 것이라 생각해 석유회사의 문을 두드렸으나 어디에도 채용되지 못했지요. 간신히 채용이 결정된 취직처가 애자를 만드는 요업회사로 무기화학의 세계였기에 급히 무기화학 분야로 테마를 바꿔 졸업논문을 반년 만에 마무리 지었던 겁니다.

그때까지 저에게 있어서 무기화학은 전문 분야가 아니었기 때문에 필사적으로 조사하고 공부했습니다. 보통 전문적으로 공부를 하지 않은 채 회사에 들어가 새로운 재료의 합성 같은 분야를 접하면 어려움을 겪는 법이지요. '어떻게 해서든 이 연구를 성공시키겠어!' 하는 각오로 1년 이상 정말 열심히 연구에 몰두했고, 또 매일매일 제 나름대로 창의적으로 생각했기 때문에 그것이 가능했다고 생각합니다. 저는 '전심전력으로 노력해나가면, 진실이 보인다'고 믿고 있습니다.

목표를 정하고 목표를 향해 노력해나가고 있을 때에도 '어떻게 하면 좋을까' 하고 불안해질 때가 있는 법이지요. 그럴 땐 정답은 보이지 않고 어찌할 바를 모르게 되곤 합니다. 그래도 도망치지 않고 진지하게 노력과 공부를 지속한다면 뜻밖에 그 무언가가 등 뒤를 밀어주는 경우가 있습니다. 그것은 필사적으로 노력한 대가로 하늘로부터 받는 영감이자 선물이라고 생각합니다.

이런 경험을 통해 저는 직원들에게도 "신이 불쌍히 여겨, 도움의 손길을 내려줄 정도로 필사적으로 노력하세요. 그러면 분명 하늘의 계시가 있을 겁니다"라고 말하고 있습니다.

돈이 없어서 기숙사 방에 풍로를 들여놓고
된장국과 밥을 만들었다. 그리고 얼마 지나지 않아
방에 돌아오는 시간조차 아깝게 느껴졌고.
연구실에 살림도구를 가져가 실험에 매진했다.

4장

생각한 것을 실현하다

생각한 것을 실현하다

세상과 사람들에게
공헌하는 회사

○

—————— 연구를 계속하기 위해 새로운 회사를 만들게 된 것이네요?

●

제가 쇼후공업을 그만두겠다고 말하자 고등학교, 대학교를 졸업하고 회사에 들어와 제 연구를 보조하던 5, 6명의 사람들도 "이 회사에 있던 건 이나모리 씨가 그 누구보다도 훌륭했기 때문입니다. 그러니 이나모리 씨가 없다면 이 회사엔 아무런 매력도 없습니다. 우리도 그만두겠습니다"라고 말해왔습니다.

●

네, 기숙사까지 들이닥쳐선 "우리도 그만둡니다"라고 말하더군요. 그러던 중 쇼후공업의 전 상사였던 아오야마 마사시라는 저의 아버지뻘 되는 사람이 "자네 기술이 아깝군. 내 교토대학 동문들이 커다란 회사 임원을 맡고 있으니, 그들과 이야기해서 출자를 받아 새로운 회사를 만들어볼까 하는데, 자네는 어떻게 생각하나?"라고 제안해왔습니다. 제게 있어서 그것은 아주 기쁜 제안이었지요.

그렇게 아오야마 씨와 교토의 배전만 회사인 미야기전기 제작소의 전무를 맡고 있던 니시에다 이치에 씨의 집으로 가게 되었습니다. 제가 당시 스물여섯 살로 대학을 졸업하고 3년밖에 지나지 않았기에, 니시에다 씨는 저를 보고 "얼마나 자네가 우수한지는 모르겠지만, 이런 젊은이를 믿고 회사를 만들어 도대체

뭐가 가능하다는 건가?"라며 기가 막힌 듯 이야기했습니다.

아오야마 씨는 "물건을 사고파는 상사(商社)가 아니고, 최첨단 기술을 가지고 있는 회사를 만들 생각입니다. 마쓰시타전기산업의 브라운관은 그가 개발한 부품 덕에 작동하고 있습니다. 제품 개발을 하기 위해 자본금이 많이 필요합니다"라고 꿋꿋이 반론하며 설명했습니다. 그 후로 둘이서 구체적인 안을 만들어 몇 차례 더 찾아갔습니다.

"가까운 장래에 분명 새로운 세라믹의 시대가 옵니다"라고 전 필사적으로 설명했습니다. 그리고 세 번째 방문 즈음 이런 말을 들었습니다.

"그럼 해볼까…. 하지만 이나모리 군. 이런 회사를 만든다는 것, 그것도 기술의 첨단을 이끌어나갈 제조업이란 것은 꽤나 어려워서 회사를 시작해도 천 개 중단 한 개가 성공하면 다행이네. 잘될 거란 보장은 없지만 젊은 자네의 열의에 감동해 지원하기로 했네."

그 후 니시에다 씨가 몇 분에게 부탁해 3백만 엔의

자본금을 모아줬습니다.

○

_____ 그 당시 3백만 엔이면 굉장한 거금이네요.

●

네, 그때가 1959년이었으니 어마어마한 거금이었지
요. 세라믹을 구울 전기로 등의 설비를 갖추고 원재료
를 매입하는 자금도 필요했기에 그 정도로도 모자랐
습니다. 니시에다 씨는 교토의 커다란 저택에 살고 있
어서 그곳을 담보로 교토은행으로부터 천만 엔 정도
를 대출받아주셨습니다. 그 천만 엔과 자본금 3백만
엔으로 회사를 시작할 수 있었습니다.

(왼쪽) 상사였던 아오야마 마사시.

(오른쪽) 미야기전기 제작소 전무인 니시에다 이치에.

○

_____ 앞날은 모르지만 이 청년에게 한번 걸어
보자 하는 믿음이 있었던 거군요.

●

"저택과 땅을 담보로 잡았으니, 만일 이나모리 군이
실패하면 이를 뺏기게 되는 것이기에 집사람 의견을
들었다네. 그랬더니 '괜찮아요. 당신 이미 그 청년이
맘에 들었잖아요?' 하며 웃더군. 그래서 자네에게 투
자하기로 했다네"라고 니시에다 씨가 털어놓았을 때
저는 몸이 단단히 죄어오는 듯한 기분이었습니다. 만
난 지 얼마 안 된 저와 신생 회사를 위해 자신의 재산
을 건 것이니만큼 혹시 제가 실패라도 한다면 너무 커
다란 민폐라고 생각했지요. 빌린 돈을 갚기 위해 전
필사적일 수밖에 없었습니다.

○

_____ 회사는 전 직장 동료 8명과 함께 시작했고, 혈판장●까지 만들었다고 들었습니다만.

●

시골이었지 않습니까. 모여들었던 동료들과 저까지 총 8명이 혈판장을 만들었습니다. 전의 회사에서는 이나모리 가즈오의 기술을 인정받지 못했지만, 이번 회사는 이나모리 가즈오의 기술을 세계에 발표할 장소로 교토세라믹이라는 회사를 설립했습니다. 그리고 우리는 '세상과 사람들에게 공헌하는 것을 우리들의 목표로 한다'라고 혈판장에 서명했습니다.

● 강한 서약이나 성의를 보이기 위해 자신의 손가락 끝을 조금 잘라내 그 피로 서명 아래 지장을 찍은 서류.

○

●

정작 제가 내일 먹을 메뉴조차 모르는 상황에서 세상과 사람들에게 공헌하자는 내용을 혈판장에 적었던 거죠. 이런 결의 덕분에 제가 쉰 살이 되었을 때 그 동료들이 전무나 사장, 회장 등이 되어 교세라를 이끌어준 것이기도 합니다.

이들 각자는 인격적으로 훌륭한 성장을 이뤘다고 생각합니다. 학력이나 학문과 관계없이 힘들고 고통스러운 일들을 많이 경험한 뒤, 그 경험을 통해 자신이 느끼고 생각해 만들어낸 가치관 같은 것이 인간성을 드높여줬던 것이죠. 그것을 증명하는 사람들이 저를 이어 회사를 계승해준 것입니다.

1959년 27세이던 당시 교토세라믹주식회사(현 교세라)를 창업했다.
직원 28명으로 시작했으며 회사명은 세계에 통용되는
'교토'에, 아직 널리 알려지지 않았던
'세라믹'을 연결해 지었다. (후열 왼쪽에서 6번째)

자기 자본만으로
회사 경영하기

○

_____ 회사를 창업하고 대출금을 갚아나가야
하는 상황이라 모두들 일을 많이 할 수밖에 없었겠네요.

●

우선 니시에다 씨의 돈을 빨리 갚아야 한다고 생각했
습니다. 그러나 니시에다 씨는 무슨 소리를 하고 있냐
며 "돈이란 것은 회사 실적이 좋으면 은행이 얼마든지
빌려주는 것이다. 회사를 더할 나위 없이 키우겠다고
생각하면 좋은 실적을 쌓고 은행에서 돈을 빌려와 키
우면 된다. 자네처럼 한 번 빌리고 바로 갚으면 안 돼.

그런 생각으론 중소기업이 크게 성장하지 못해" 하고
가르침을 주셨습니다.

회사 실적이 좋으면, 또 능력이 있다면 얼마든지 돈
을 빌릴 수 있으니 당장 갚을 필요는 없다고 말해주셨
습니다만, 제가 소심한 탓에 '갚아야지' 하는 마음이
좀처럼 머리에서 떠나지 않았어요. 이것이 반영되어
교세라는 빠르게 돈을 모아, 즉 자기 자본으로 회사를
경영해나가는 독자적인 방법으로 성장해 결국 돈이
여유가 있는 회사가 되었습니다.

○
_____ 대출이 싫었던 이유가 무언가 따로 있었
습니까?

●

혈통 때문이랄까요. 그건 도리가 아니라 생각했습니
다. 아버지께선 전쟁 전 커다란 인쇄소를 운영하셨다
고 얘기했었습니다만 장사 수완이 없었습니다.

아버지는 시골 소학교를 나와 가고시마 시내의 인쇄소에 들어가서 열심히 일하셨고, 이를 인정받아 인쇄소에 종이를 납품하던 도매상으로부터 독립할 생각이 없냐는 권유를 받게 되었는데, 이것이 그 시작이었습니다.

당시 인쇄소는 종이를 납품받기 위해 인쇄기를 담보로 하는 식으로 운영했고, 그러면서 망하는 회사도 있었습니다. 그런데 담보로 받은 인쇄기가 그대로 남아 있는 상황도 곤란하기에 그 도매상이 제 아버지가 우수하다는 소문을 듣고는 독립을 권유한 것이지요.

아버지는 처음에 거절하셨습니다만, "자금도 빌려주고 종이도 공급해주겠네. 중고 인쇄기도 양도해주고…. 전부 세트로 넘겨줄 테니, 어떤가?" 하고 제안받았던 모양입니다. 그러니까 능력이 있었을 뿐 스스로 적극적으로 시작한 장사가 아니었지요.

돌다리를 두드린 후에도 건너지 않을 만큼 신중한 성격인 아버지는 그렇게 장인 기질로 견실하게 일했는데, 그만 제2차 세계대전 공습으로 모든 것이 불타

어머니는 밝고 낙천적이었고,
아버지는 장인 기질을 가진, 건실하고 착실한 집쟁이었다.

버리게 되었습니다. 이후 어머니께선 인쇄소를 다시 재건하자고 아버지를 설득했지요. 하지만 "온 가족이 힘든 와중에 인쇄기를 사기 위해 대출받아 혹시 실패라도 한다면 생활이 불가능해질 텐데, 그런 짓이 가능하겠소"라고 말씀하시며 듣지 않았습니다.

아들 입장에서 봐도 아버지는 착실한 겁쟁이였습니다. 그것이 저에게도 유전되어 대출은 무섭기도 하고 싫습니다. 회사 경영에 있어서도 대출을 안 하고 있는 것은 역시 아버지를 닮은 것이 아닐까 싶습니다.

그 외에 저의 밝고 낙천적인 성격은 모친을 닮았다고 생각합니다. 어머니는 가사는 물론 인쇄 일을 도우러 온 이웃 아주머니들의 일 할당도 착실하게 해주시던 분으로 무언가 문제가 있어도 어지간한 일에는 내색도 없는 언제나 밝은 사람이었지요.

한번은 제가 밖에서 싸움을 하고 져서 돌아오니 "가서 이기고 오거라!"며 빗자루를 쥐어준 적도 있을 정도로 지기 싫어하는 성격도 있으셨습니다.

교세라의 경영 이념을
확립하다

○

_____ 회사는 첫 해부터 흑자를 기록했고, 이후 젊은 직원들로부터 급료와 보너스를 보장하라는 요구서가 제출된 일이 있었다는데, 이나모리 회장님에게 이 사건이 커다란 전환점이 되었다고 들었습니다.

●

정말로 열심히 노력해서 회사를 경영했었습니다. 2년째에는 고졸 직원을 10명 정도 채용해 1년 정도 가르쳤어요. 그리고 드디어 각자가 한 역할을 맡을 수 있겠구나 싶을 즈음 돌연 그 직원들이 제가 있는 곳을 찾아와 요구서를 제출했습니다. 모두가 이 요구서에 동의한다면서요.

'이번 보너스는 얼마 이상 지급해주길 바란다', '내년 봄 월급은 이런 조건으로 올려주길 바란다', '앞으로 수년간 계속 이런 조건으로 우리들의 대우를 개선시켜주길 바란다'와 같은 내용과 함께 서명이 담겨 있었습니다. 그리고 그들은 "이를 들어주지 않으면 저희들은 모두 그만두기로 합의했습니다"라고 말해왔지요.

저는 "여러분, 잠깐 제 말을 들어보세요. 갑자기 이런 걸 가지고 와 '들어주지 않으면 그만두겠다'니, 일방적으로 그리 말한다고 해결될 일이 아니잖습니까. 나는 이 회사를 훌륭히 키우고 모두가 안심하고 일할 수 있는 회사로 만들고 싶습니다. 이미 모두에게 그리 말하지 않았습니까" 하고 일단 그들을 진정시켰습니다. 그리고 좀 더 저를 믿고 따라와주길 바란다고 설득했으나 그들은 쉬이 수긍하지 않았습니다.

그래서 저는 교토 사가노에 있는 제 시영주택 집으로 그들 모두를 데리고 들어갔습니다.

○

_____ 그곳이 당시 거처하던 이나모리 회장님 자택입니까?

●

조그마한 방 두 개뿐인 빌라였지요. 아무튼 그들과 이야기를 이어갔습니다.

"회사가 자리 잡을 때까지는 2, 3년이 필요합니다. 이제 막 흑자가 나오고 있는 상황에서 그런 장래에 대한 약속이 지금 가능할 리가 없지 않습니까. 혹시 실현하지 못하게 되면 거짓말을 한 것이 될 뿐이니 대충 말하고 넘어가고 싶지는 않습니다. 나는 앞으로도 뼈가 부서져라 노력해서 회사를 훌륭히 키워나갈 계획입니다. 그것이 실현된 때에는 여러분 모두에게 반드시 보상해줄 것을 약속합니다. 부디 이 마음을 헤아려주시고 지금은 열심히 일해주길 바랍니다."

저는 제 진의를 전달하고자 사흘 밤낮을 그들과 무릎을 맞대고 진심을 다해 설명했습니다.

○

_____ 사흘 밤낮으로 말입니까!

●

"회사를 훌륭히 키워내면 모두에게 보답하고자 하는 생각이 있어요. 이를 믿어주길 바랍니다. 알다시피 지금은 아무것도 해줄 수가 없습니다. 혹시 내가 여러분을 배신할 것 같다면 나를 죽여도 상관없습니다" 하고 말하기까지 했지요.

다들 이야기하는 데 지쳐 있었기 때문일 수도 있지만, 결국 전원이 회사에 남기로 하고 밤중에 모두 돌아갔습니다. 그리고 다음 날 아침 점점 날이 밝아올 무렵 저는 너무 큰일을 약속했다고 생각했습니다. 저는 7남매 중 둘째로 가고시마에 있는 동생들에게 적게나마 급료를 보내고 있었는데, 직원들의 생활을 보장하는 것도 저의 책임이라는 것을 새삼 깨달았습니다.

제 가족과 친척들도 돌보지 못하는 사내가 고용인들도 돌봐야만 한다니 경영자란 정말로 수지타산이 안 맞는 직업이라고 다시금 생각하게 되었지요. 그리고 그때 이 회사를 경영해나가는 목적에 대해 다시금 생각해봤습니다.

'전 직원의 행복을 물심양면으로 추구한다'를 경영이념으로 한다는 문구가 제가 쓴 〈교세라 철학수첩〉에 가장 먼저 등장하는데, 이것만으로는 무언가 모자란다 생각해 '인류, 사회의 진보발전에 이바지한다'라는 문구를 추가했습니다.

이를 회사 경영이념으로 결정하고 회사에 나가 직원들에게 선언한 후로부터는 모든 불만이 해결되어 경영에 전력을 쏟을 수 있게 되었습니다.

열정을 다해
살아가는 것이 당연하다

○

＿＿＿＿＿＿＿＿ '기술자' 이나모리 가즈오에서 '경영자'
이나모리 가즈오로의 인생이 시작한 순간이었겠군요.

●

회사를 창업한 최초 목적은 제 기술을 세계에 인정받
는 것이었습니다만, '이런 무거운 짐을 감당해내는 게
회사를 경영한다는 것인가. 그렇다면 나는 정말 말도
안 되는 것을 시작해버렸구나' 하고 생각했습니다. 그
리고 혹시 사업이 실패해 나와 함께 열심히 일해준 사
람들을 길거리에 나앉게 만들지 모른다라는 불안과도

싸워야만 했습니다.

회사를 경영해가는 것, 업무를 지속해가는 것은 정말로 어려운 것입니다만 저는 그것을 넘어 전심전력으로 살아가는 것은 인간으로서 당연한 것이라고 그 당시에 생각했었습니다.

인간에겐 지혜가 있기 때문에 행복하고 싶고, 사치도 하고 싶다고 바라지만 자연을 살아가는 동식물들은 매일 필사적으로 살아가지 않으면 살아남지 못합니다. 비가 내릴 때 싹을 틔우고, 가뭄이 들면 시들어버리지요. 어떤 환경이더라도 필사적으로 살아가지 않는 동식물은 모두 도태되기 마련입니다. 전심전력으로 노력하기 때문에 살아남을 수 있는 겁니다.

그렇기에 인간도 살아가기 위해서는 필사적으로 노력하는 것이 당연한 것이라고 생각합니다. 부모, 자식, 직원들을 위해서가 아니라 그 이전에 생물로서 필사적으로 살아가는 것이 당연한 것이지요. 살아 있는 모든 것에는 그 나름대로의 괴로움이 있는 것이라고 생각합니다.

예를 들어 공부를 필사적으로 해도 결과가 좋지 않은 경우가 있습니다. 그래도 이 이상 더 노력하는 건 불가능하다 싶을 정도로 전력을 다해 노력한다면 포기하는 것도 가능하겠죠. 혹 그것이 어중간한 노력의 결과라면 나중에 후회하게 되고 또 우울해질 뿐입니다.

그래서 아무리 불리한 조건이라도 언제나 최대한 노력을 하는 것입니다. 이것은 우리들이 세상 속에서 살아가기 위한 전제조건이라고 생각합니다.

창업 당시의 본사 건물. 처음엔 교토시 나카교구 니시노교 하라마치에 있는
미야기전기의 창고를 빌려서 사용했다.
창업 축하 겸 마련한 작은 연회에서.
"이번에야말로 하라마치 1등이 되어보자.
하라마치 1등이 되면 니시노교 1등 회사를 노리자.
니시노교 1등이 되면 나카교구 1등을 목표로 하자.
그다음엔 교토 1등이 되고 또 일본 1등이 되자.
일본 1등이 되면 세계 1등이다" 하고 연설했다.
목표는 크면 클수록 좋다고 생각했다.

5장

리더를 육성하다

리더를 육성하다

아메바 경영에 대하여

○

_____ 회사 실적이 순조롭게 쌓이고 직원들도 100명이 넘어 200명, 300명이 되는 식으로 큰 규모의 회사가 되었습니다. 그때 이나모리 회장님은 회사를 작은 그룹으로 쪼개 채산성을 증가시킬 수법으로 '아메바 경영'을 도입하셨지요. '아메바 경영'에 대해 간단히 설명해주신다면.

●

회사를 '아메바'라 불리는 작은 집단으로 쪼개고, 각각의 아메바 리더가 책임감을 가지고 경영해가는 것을 말합니다. 이 소집단은 고정된 것이 아니고, 하나하나가 환경의 변화에 적응해 형태를 바꾸거나 크기를 키워가는 것이기에 아메바라 이름 붙였지요.

왜 이러한 수법을 생각해냈느냐 물으신다면 이렇습니다. 원래부터 저는 기술자로서 연구개발을 하고 그것을 베이스로 회사를 만든 것이기에 완성된 제품은 기술적으로 특수한 제품이었고, 그것을 팔기 위해선 제작한 제가 설명을 하러 가는 것이 설득력을 높일 수 있겠다 싶어 직접 영업을 뛰었습니다. 하지만 회사 직원이 100명, 200명으로 늘어가면서 저 한 명이 노력해도 그것은 저만이 알고 있을 뿐이고, 저는 익숙해지지 않는 영업과 회사 경영으로 고생하고 있었습니다. 그러던 중에 '손오공' 이야기를 문득 떠올리게 되었습니다.

○

손오공이요?

●

머리털을 뽑아 후 불면 손오공 분신이 만들어지는 모습이 떠오른 것이지요. 저도 손오공처럼 뽑은 머리털을 후 불어 수 명의 분신이 나타나게 해 그들에게 "여기는 네가 처리하고, 너는 여기를 맡아줘" 하고 일을 맡긴다면 얼마나 좋을까 하고 생각했습니다.

다시 말해 경영에 대한 생각이나 사상이 저와 같은, 그래서 제 경영을 도와줄 수 있는, 나무의 그루터기를 쪼개듯 임무를 나눠 맡길 수 있는, 그런 사람이 있었으면 좋겠다고 생각하게 되었습니다.

사장이 있고 전무, 상무, 직원이 있는 회사 조직이 아닌, 경영자로서의 나와 동등한 인간이 매우 많이 있는, 이른바 저와 파트너인 사람들로 구성된 회사는 없는 것일까? 없다면 내가 만들어보자고 생각했던 것이지요.

많은 동료들을 경영에 참가시키기 위해 저는 그들이 주식을 갖도록 했습니다.

○

_____ 실제로 경험을 쌓아가며 리더 스스로 성장하도록 하기 위해 작은 그룹으로 나누는 것이 좋다고 생각하신 겁니까?

●

경영자로서 남들 위에 서서 사람들을 이끌어가는 경우는 훌륭한 사고방식과 각오가 없으면 어렵기 때문에 무엇보다도 인간성, 인품이 중요하다고 생각했습니다. 그래서 저의 인생관과 인생철학을 나름대로 모아 〈교세라 철학수첩〉의 베이스가 되는 것을 만들기 시작했지요.

전 회사의 연구자 시절 실험노트에 제 심경을 메모해둔 것이 있습니다. 그것을 꺼내어 읽어보기도 했습니다. 거기서 얻은 것은 그 당시의 마음 상태에 따라 그 연구가 잘 풀릴지 아닐지가 변했다는 것입니다. 얽매이지 않은 순백의 마음의 상태가 아니면 미묘한 수치의 변화를 읽어낼 수 없었습니다. 경영도 인간의 정도를 벗어나려는 생각을 조금이라도 가지게 되면 바른 경영을 이뤄낼 수 없다고 생각합니다.

○

_____ 탑다운(top-down), 이른바 상사가 부하 직원에게 명령하는 방법이 명령 전달이 빠르고 효율적이라 생각하는데 어떻게 생각하십니까?

●

탑다운의 방법이 효율적이긴 합니다. 하지만 제가 감당해야 할 범위가 너무 넓어져 전부를 체크할 수 없게 되기 때문에 작은 그룹으로 나누고 책임감을 부여하는 소집단 경영으로 바꾼 것입니다. 이 소집단의 리더는 저와 비슷한 생각을 가진 경영자여야 합니다.

아메바 경영을 실행하기 위해선 리더를 선출해야만

합니다. 훌륭한 인간성을 가지고 있으며 제 철학을 이 해하는 사람을 아메바의 리더로 삼기로 했습니다.

○

_____ 아메바 경영법은 최근에도 꽤 주목받고 있는데 아메바 간 경쟁이 너무 격렬해져 우려되는 상황 이 발생하진 않는지요?

●

아메바는 각기 바른 운영을 하고 있지만, 한편 전체적 으로 봤을 때는 서로 경쟁하다 보니 결집되지 못하는 경우도 일어나고 있긴 합니다. 그렇기 때문에 철학이 필요한 것이지요. 이 철학의 근본에 있는 것은 '인간으 로서 무엇이 바른 것인가'라는 사고방식입니다. 자신 의 아메바만 잘되면 되는 게 아니라 전체와의 조화 속 에서 훌륭한 경영을 하지 않으면 안 된다는 걸 이해할 수 있어야만 회사가 제대로 운영될 수 있습니다.

이런 점을 고려해 분신이 될 수 있을 사람을 한 명

교세라 공장의 조례 모습.
매일 아메바끼리 행해지는 조례는
각각의 리더를 중심으로 이뤄지며
월간 계획에 따른 진척 상황이나 그날의 생산목표 등을 공유한다.

이라도 더 많이 만들어서 그들로 하여금 경영 책임의
일부를 짊어지게 한 시스템이 바로 '아메바 경영'입
니다.

실적에 대한 보답으로
명예를 선사하다

○

_____ 아메바의 업무 성과에 따라 보너스가 늘기도 합니까?

●

일반적으로는 수익을 많이 창출한 사람이 보너스를 많이 받고 높은 월급을 받겠지요. 하지만 그렇지 못할 때는 어떨까요. 보너스가 적어지거나 나오지 않거나 하겠지요.

교세라의 아메바 경영에 대해 많은 분들이 이상하게 여기는 부분이 바로 성과 분배 문제입니다. 교세라에서는 어떤 아메바가 실적을 남기고 회사 전체나 동료들을 위해 공헌했다고 해서 월급, 보너스 등의 금전적인 보상을 하지 않습니다. 그 집단에 주어지는 것은 칭찬과 감사뿐입니다.

직원들이 과연 이를 수긍할까 하는 의구심을 품는 이들이 있습니다. 하지만 '대가를 바라지 않고 동료를 위해 힘쓰는 것이 인간으로서 훌륭한 것'이라고 저는 창업 때부터 계속 강조해왔습니다. 그렇기 때문에 교세라 직원들은 만약 자신이 속한 사업부가 이익을 창출했다 해도 월급을 올려 달라는 말은 하지 않습니다.

○

_____ 어째서 금전적 또는 물질적으로 보상하지 않는 것입니까?

●

인간의 심리를 고려했기 때문입니다. 잘되고 있을 때는 월급이 더욱 오르길 바라는 마음이 생기기 마련이지요. 반면 언제나 호황일 순 없기에 회사 측에서 실적이 악화되었으니 올해는 보너스가 없다고 한다면 불만이 나올 겁니다. 주택 대출 이자를 내지 못해 곤란을 겪을 수도 있고요. 그러면 인간관계에 마찰이 생기고 회사 전체 분위기도 나빠져 비참한 상태가 되고 말 것입니다.

이럴 경우 회사 실적이 좋아졌다가 나빠지기를 반복한다면 사람의 마음도 절대 안정되지 못합니다. 그렇기에 열심히 노력해줬을 때 칭찬하고, 여러분이 노력해줘서 회사가 잘 풀릴 수 있었다고 감사를 표합니다. 좋은 실적에 대한 보답으로 명예를 선사하는 것이지요.

이렇게 저희는 다 함께 노력하고, 다 함께 물심양면으로 행복을 실현하고자 합니다.

6장

무조건 성공한다고 믿어라

무조건 성공한다고 믿어라

통신 사업 분야로
진출하다

○

이나모리 회장님이 52세이던 당시 통신 사업에 뛰어들어 제2전전(현 KDDI)을 1984년에 설립하셨지요. 그때까지 해오던 일과는 완전히 다른 분야의 일이었습니다. 커다란 도전이기도 하고 막대한 돈이 필요했을 텐데요. 어째서 통신 사업에 뛰어들 생각을 하시게 된 겁니까?

●

정말로 바보 같은 짓이었다고 생각합니다. 통신의 'ㅌ' 도 모르는 사람이 그 분야에서 승산이 있을 리가 없었지요.

교세라는 미국에 고객이 매우 많았고 자사공장을 미국에 만들기도 했기 때문에 저는 업무상 미국에 갈 기회가 많았습니다. 어느 날 미국에 출장을 갔던 때 현지의 영업 스태프가 장거리 전화로 장시간 이야기하고 있는 것을 보고 비용이 걱정되어 주의를 줬습니다. 그러자 그 스태프가 한 달분의 통화 요금 명세서를 보여줬고 그것을 본 저는 매우 놀랐습니다. 일본의 장거리 전화보다 매우 저렴하다는 걸 확인했기 때문입니다.

1970년대의 교세라는 아직 영세기업으로서 출장지인 동경에서 교토 본사로 전화를 걸 때 지금처럼 휴대전화가 없었기 때문에 공중전화를 사용했습니다. 다이얼을 돌려 상대가 받으면 미리 준비해둔 10엔 동전을 계속해서 전화기에 넣어야만 했고 동전들은 곧 전부 사라지곤 했지요.

○

예전에는 장거리 전화요금이 비싼 편이었지요.

●

미국의 통화료는 매우 저렴한데 어째서 일본은 비싼 것인지 의문이 들었습니다. 파악해보니, 국영 사업이었던 전전공사(일본전신전화공사, 현 NTT그룹)가 독점기업이었기 때문에 비싼 것이었어요. 이를 어떻게든 바꾸지 않으면 안 된다고 생각했습니다. 그리고 이것이 바로 제2전전을 시작하게 된 계기였습니다.

1982년경부터 행정 개혁의 하나로 통신의 자유화가 결정되었습니다. 전전공사를 민영화하고 민간 기업도 통신 사업에 참가할 수 있게 되어 기회라고 생각했지요. 이후 정보화 사회가 가속화되는 상황에서 일본의 통신료가 계속 비싼 상태라면 국민에게 더 좋은 시대가 오지 않을 것이라 느꼈습니다.

하지만 그럼에도 어떤 기업도 참가하려는 움직임이

없었습니다. 당시 전전공사는 매출 총액 연간 약 4조 엔, 직원은 약 33만 명의 거대 기업이었지요. 전국 구석구석의 가정들까지 둘러싼, 사회생활의 기반인 전화선이라는 상당한 자산을 가지고 있었습니다.

이런 거대한 자산을 가진 기업에 대항해 새로운 통신 사업을 하고자 한다면, 정신이 아찔해질 정도로 많은 자금이 필요했기에 누구도 손대려 하지 않는 상황이었던 것이죠.

새로운 사업을
시작하기까지

○

——————— 실패할 위험이 너무도 커서 어떤 기업도 선뜻 나서지 못한 거군요.

●

네, 하고 싶어도 그럴 수 없는 상황이었지요. 그런 상황에서 저는 새로운 사업에 뛰어들기로 결단을 내렸습니다. 갑자기 거대한 전전공사에 도전하겠다는 것이니까 마치 돈키호테가 창 한 자루로 풍차에 맞서는 것과 마찬가지였습니다.

그때 교세라의 간부에게 "제2전전이라는 이름으로

통신 사업에 진출하려고 하네. 우리에겐 창업 이래 모아온 자금 1,500억 엔이 있는데 이 중 천 억 엔을 사용하고자 하네"라고 말했습니다. 천 억 엔을 사용한다 하더라도 교세라는 꿈쩍도 하지 않을 기업이었지요.

하지만 통신에 관한 기술이나 지식이 아무것도 없었기 때문에 우수한 기술자를 5명에서 10명 정도 채용해 시작하자고 생각했습니다.

○

_____ 갑자기 새로운 사업을 하기로 결단 내리기까지 이나모리 회장님 본인은 어떤 것을 생각했습니까?

●

그저 이 사업을 하고 싶다는 생각뿐이었습니다. 그렇지만 그 동기는 저도 확실히 몰라서 반년 동안이나 자기 전에 다음과 같은 자문자답을 반복했습니다.

'동기가 정말로 선하다면, 사심이 깃들어서는 안 된

다', '나는 제2전전을 일으키고 싶다고 최근 계속 생각
하고 있는데, 그런 생각을 하고 있는 동기는 세상과
사람을 위한 것인가? 아니면 자기중심적 발상에서 비
롯된 것인가?' '좋은 경영자로 불리는 것에 자만하고,
우쭐하고 있는 것은 아닌가?' '자기과시욕이 있는 것
은 아닌가?' 등과 같은 생각과 의문에 사로잡혀 있던
것이죠.

제 이익이나 욕망을 위해 하려는 것이 아니었어요.
전전공사와 경쟁하는 통신 회사를 만들고 전화 요금을
값싸게 만들어 국민들에게 도움이 되고 싶었습니다.

반년 후 제 마음에 자리한 한 점 부끄럼 없는 순수
한 동기를 깨달았고 강한 마음임을 확신했기 때문에
"좋아, 하겠어!" 하고 과감히 결단했습니다.

1984년 제2전전을 설립했다.
이 사진은 설립 기념 파티에서 촬영된 것.
반년 동안 잠들기 전 자문자답을 반복했고
선의에 의한 동기임을 깨닫고는 통신 사업에 뛰어들기로 결정했다.

제2전전의 탄생

○

_____ 주변 반응은 어땠습니까?

●

마침 그때 당시 동경에서 경제인들 모임이 있었는데,
평소 친하게 지내던 우시오전기의 우시오 지로우 씨
에게 "전전공사의 독점체제를 깨부수지 않으면, 통신
요금은 하락하지 않을 것입니다. 대항할 회사가 없다
면 제가 한번 해볼까 생각하고 있습니다"라고 하니,
세콤의 이이다 마코토 씨, 소니의 모리타 아키오 씨
등도 그런 생각을 했었다며 도전한다면 크게 응원하

겠다고 격려해줬습니다.

　다른 분들에게도 의견을 들었고, 많은 기업 경영자들이 찬동해주니 힘을 얻을 수 있었습니다. 그리고 저는 1984년 6월 제2전전을 설립하고 가장 먼저 전기통신 사업에 뛰어든 것입니다.

○

＿＿＿＿＿＿＿ 설립한 그해 가을 다른 기업들도 통신 사업에 뛰어들었지요.

●

통신과는 완전히 관계없는 교토의 중견기업을 운영하던 제가 하겠다고 나선 탓에 모두들 덜컥했겠지요.

　국철(현 JR)계의 일본텔레콤(현 소프트뱅크텔레콤), 일본도로공단(현 NEXCO)·도요타계의 일본고속통신이 연달아 입후보했습니다.

　일본텔레콤은 신칸센을 따라 광섬유 회선을 설치하는 것이 가능했고, 일본고속통신은 고속도로를 따라 광섬유 회선을 부설하는 것이 가능했습니다. 이들 회사 역시 시설이나 설비를 사전에 가지고 있어서 유리한 입장이었기에 제2전전은 전혀 상대가 안 될 거라 생각했지요.

실제로 제2전전에는 회선을 설치할 수단도 없고 아직 무엇을 어떻게 해야 할지도 잡혀 있지 않았습니다. 그래서 저는 우선 국철 총재를 찾아가 "선로를 따라 회선을 설치한다면 하나를 설치하나 둘을 설치하나 방법은 같을 겁니다. 비용은 지불할 테니 저희 광섬유 회선을 병설해주십시오" 하고 부탁했습니다. 그러나 "우리 자회사라면 그렇게 해주겠지만, 어째서 자네 회사에 장소를 제공해줘야만 하지?"라는 말로 거절당했습니다. 이어 저는 "국철 선로는 애당초 나라의 시설입니다. 국민의 재산인데 공익적으로 사용되지 않는 것은 불공정합니다!"라고 반론했습니다만 소용없었습니다.

다음으로 도로공단을 찾았습니다. 고속도로에 광섬유 회선을 설치한다면 함께 설치해 달라 부탁했더니,

"이것은 건설소와 도로공단이 하는 것이니, 당신 회사의 회선을 설치하는 것은 불가합니다"라며 역시 거절당했습니다.

미국의 경우 나라의 공공시설을 민간 기업이 공평하게 활용하지 못하게 하는 것은 독점 금지법에 저촉됩니다만, 일본의 국영 기업은 자유 경쟁에 있어서의 공정성의 중요함을 이해하지 못하고 있었습니다. 다음으로 생각할 수 있었던 방법은 무선이었습니다. 오사카에서 동경까지의 산들에 기지국을 만들어 전파를 쏘아보내는 방법밖에 없다고 생각했습니다.

하지만 일본의 하늘에는 자위대나 경찰, 미군 등의 여러 전파가 그물망과 같이 복잡하게 난립해 있어서 무심코 가로지르려 하면 통신이 차단되기 십상이었습니다. 게다가 그 루트가 어디를 어떻게 지나고 있는지는 군사기밀로 정보가 공개되지 않았기에 곤란한 상황이었습니다.

세간에서도 처음엔 "제2전전이야말로 자유경제의 첨병!"이라며 추켜세워줬습니다만, 강력한 두 회사가 입후보하자 점점 더 불리한 입장으로 평판이 바뀌어 가기 시작했습니다.

하지만 저는 교세라 창업 이래 다른 이들이 가지 않은 길을 개척해왔기 때문에 어떻게든 될 것이라 굳게 믿고 계속해서 방법을 찾아나갔습니다.

○

─────────── 더 이상 방법이 없다 싶은 상황에서도 결코 포기하지 않았군요.

●

국민을 위해 통신 요금을 낮추자는 커다란 목적이 있었기에 무모하게 보이더라도 힘차게 나아가야 한다는 의식이 제 안에서 점점 강해졌습니다. 그러던 중에 당시 전전공사의 신토우 히사시 총재로부터 "우리는 원래부터 마이크로 웨이브 무선 루트를 가지고 있습니다. 하지만 우리의 통신 수요는 광섬유 케이블로 전부 감당되고 있으니, 오사카에서 동경까지의 공중에 있는 마이크로 웨이브 무선루트를 이나모리 씨에게 제 공할까 생각합니다. 그 루트를 알려줄 테니 사용하겠 습니까?"라는 제안을 받게 되었습니다.

그렇게 새로운 무선 루트의 정보를 입수할 수 있었 습니다. 신토우 총재도 경쟁 상대가 없으면 민영화는 성공할 수 없다고 생각한 것일지도 모른다고 생각합 니다. 위기 속에서 도와주는 사람이 나타나 한순간 나 아갈 길이 열린 것이죠.

이 원대한 목표를 내걸고 시작했을 때의 직원은 20 명이었지요. 이렇게 몇 안 되는 인원으로 우리는 또 다른 미지의 세계로 날아올랐던 겁니다.

낙관적인 생각으로
도전하라

○

_____ 드디어 기지국 건설이 시작된 것이군요.

●

처음엔 채산성이 높은 동경, 나고야, 오사카 사이에 8개의 중계 기지를 설치했습니다. 인력도 자금도 한정되어 있어서 아무것도 모르는 4명의 신입직원을 보낼수밖에 없었어요. 완성될 때까진 돌아오지 말라는 당부와 함께. 부지 구입에서부터 시설 건설, 무선 장치설치 등 무엇이든 다 해내야 하는 어려운 임무였기에매우 힘들었을 거라고 생각합니다.

경쟁사들은 자신들이 보유한 장소에 광섬유 케이블을 설치하면 되지만 우리는 산 정상까지 헬리콥터나 자동차로 철근과 시멘트를 운송하고 기지를 설치해야만 했습니다.

"지금 우리들은 백 년에 한 번 있을까 말까 하는 기회를 얻었습니다. 이 소중한 기회를 얻은 것에 감사하는 마음으로 일하도록 합시다!" 하고 저는 몇 번이고 외치며 모두를 독려했습니다. 그렇게 광섬유 회선 배설과 관련해 국철과 도로공단으로부터 거절당한 분함을 딛고, 모두 불꽃처럼 자신을 불태워서 최소한 3년은 걸릴 것이라고 예상되던 전송로를 2년 4개월 만에 개통시켰지요.

○

──────── 연이어 많은 고생을 시킨 개업이었군요.

●

그렇게 완성시킨 통신 루트를 통한 서비스의 개시가

산 정상까지 헬리콥터나 자동차로
철근과 시멘트를 운송하고 기지를 설치해야만 했다.

1986년 10월이었습니다. 그러나 모두들 다수의 관련 회사와 거래 업자를 가진 JR그룹과 일본도로공단·도요타그룹의 회선을 쓰고자 했기에 제2전전은 압도적으로 불리할 수밖에 없었죠. 처음엔 계약 성사율이 최하위였습니다. 경영 활동도 그다지 좋지 못했어요.

하지만 장거리 회선 영업은 여러 마케팅을 필요로 해서 우리 제2전전이 계약 성사율에서 단연코 1위를 했습니다. 전화요금을 낮추고 세상과 사람을 위하고자 하는 마음으로 한 일이 결실을 맺어 고생한 보람을 느낄 수 있었습니다.

○

_____ 그리고 1986년 통신 자유화로부터 이어지는 전파법 개정으로 이동통신, 지금의 휴대전화의 자유화가 결정된 거로군요.

●

그렇지요. 제2전전이 출범한 지 그리 오래 지나지 않

은 때였습니다. 당시의 휴대전화는 자동차에 놓지 않으면 가지고 다닐 수 없을 만큼 크고 무거웠지요. 하지만 저는 가까운 장래에는 그것이 점점 소형화되어 손바닥 크기의 휴대전화가 만들어질 것이라 예측했어요. 그래서 제2전전 임원회의에서 "휴대전화 사업에 가장 먼저 참여합시다!"라고 제안했습니다. 미국에서 반도체 사업이 시작했을 무렵 교세라는 반도체 패키지를 개발해왔기 때문에 반도체의 고성능화 및 소형화의 속도가 굉장히 빠르게 진행될 것이라는 걸 확신했기 때문입니다.

하지만 대부분의 임원들이 "NTT나 미국의 통신 회사에서도 아직 적자를 내는 사업입니다. 제2전전은 시작하자마자 어떻게 될지 모릅니다. 새로운 자동차 전화를 만들자는 것은 무모합니다"라며 반대했습니다.

그런 와중에 "회장님 아이디어가 꽤 흥미롭게 와 닿습니다"라고 말하는 직원이 한 명 있었습니다. 잘 알지 못한 채 낙관적으로만 얘기하다 모두의 반대에 부딪히던 중 저는 그 말을 듣고 너무 기뻐서 "자네, 마음에 드는구만. 모두가 반대해도 좋아. 나랑 자네랑 둘이서 한번 해보세!"라고 말하고는 곧 휴대전화 사업을 시작했습니다. 이것이 지금의 KDDI가 하고 있는 'au' 휴대전화 서비스의 시작이었습니다.

엉망진창으로 들릴지 모르지만, 사실 세상일을 생각한 대로 성공시키기 위해선 이러한 낙천적인 구상을 하는 것도 매우 중요합니다. 휴대전화의 보급이 세상을 매우 편리하게 만들어줄 것이라는 믿음으로 시작했지만 해결해야 할 난제는 계속해서 발생했습니다.

그렇지만 어떠한 일이든 시련이 있기 마련이고, 그것을 반드시 이루겠다는 생각 없이는 그 무엇도 시작되지 않습니다. 어렵다 생각하지 말고 낙관적으로 도전해보는 것이 중요하다고 생각합니다.

성공할 때까지
포기하지 마라

○

당시 저력 있는 회사들이 새로운 분야에
웬만해선 도전하지 않았는데 어째서인가요?

●

우리 세대는 힘겨운 제2차 세계대전 시절을 보냈습니
다. 필사적으로 노력하지 않으면 살아남을 수 없던 세
대입니다. 전쟁에서 돌아온 현재의 90대들은 맨손으
로 시작해 하나둘씩 회사를 만들어왔습니다. 전후를
채색한 훌륭한 회사들을 열의만으로 발전시켜 전후
일본을 이끌어왔지요.

●

저는 그 세대의 사람들과 비교해 열두 살 정도 어립니다. 다만 그분들과 동지로서 지내왔습니다. 그분들이 전심전력으로 노력해 전후 일본 경제를 독려하고 세계 제2위의 경제대국으로 끌어올린 것입니다.

그리고 1980년대 후반 호경기가 끝난 후 20년 이상 계속 경기가 침체기였지요. 그러나 불경기로 큰 고생을 겪었다거나 생활이 참혹해진 것은 아니고 좋았던 시절의 여운 속에서 완만한 하향곡선을 그리는 상태를 유지하고 있습니다. 축복받은 환경이기 때문에 스스로 모험을 하는 것보다 안정적으로 회사를 운영하는 것이 좋다는 생각을 가진 분이 많기 때문이라고 생각합니다.

○

——————— 평화로운 시대의 사고방식에 사로잡혀 온 세상이 빠르게 변하고 있음에도 이를 눈치채지 못하고 있는 것일지 모르겠군요.

●

지금 일본 기업들의 경영진은 좋은 학교를 졸업한 우등생들뿐이고 실제 사회에서의 괴롭고 힘든 경험이 거의 없으며 큰 결단을 내려본 적도 없습니다. 즉 아수라장을 뚫고 올라온 경험 없는 세대라고 생각합니다. 머리만 좋은 사람밖에 없으면 결코 벤처기업을 탄생시킬 수 없습니다. 최초 구상을 가다듬을 때 부정적인 의견이 선행해 새로운 것에 쉽사리 도전하지 못하는 것입니다. 하지만 성공하든 실패하든 우선 그것에 착수하지 않으면 아무것도 시작되지 않는 법입니다. 그것을 '해낼 수 있다'라는 자신감이 없으면 아무것도 시작되지 않습니다.

지금 돌이켜보면 제2전전은 메이지유신 이후 근대

화 이래 최초로 국영 사업에 민간이 도전한 케이스입니다. 가장 큰 성공 요인은 바로 성공할 때까지 포기하지 않았던 것이라고 생각합니다.

언젠가 연구개발의 이상적인 자세에 관해 이야기하는 자리에서 "교세라의 경우 연구개발을 시도하면 몇 퍼센트의 확률로 성공합니까?"라는 질문을 받은 적이 있습니다. 저는 "교세라에서는 한번 손을 댄 연구는 100% 성공합니다"라고 대답했습니다. 이것만 말하면 말이 안 되기 때문에 이렇게 덧붙였습니다. "교세라에서는 연구개발을 할 때 성공할 때까지 연구를 지속하기 때문에 실패로 끝나는 경우가 없습니다. 성공할 때까지 지속해나가는 것이 저희들의 연구개발에 대한 자세입니다."

교세라에는 '더는 안 될 것 같은 때가 일의 시작점이다'라는 사고방식이 있습니다. 포기라는 것이 거의 없습니다. 연구를 시작하면 성공할 때까지 연구를 계속합니다. 끝까지 가보고 어떻게 해서도 안 된다는 결론이 나지 않는 한 포기란 없습니다. 그럴듯한 이유를 들어 자신을 위로하고 금방 포기해버리는 사람은 성공할 수 없을 것입니다. 자신이 세운 목표를 포기하지 않고 끈질기게 해나가는 것이 필요합니다.

긍정의 힘

저는 젊었을 때 많은 실패와 좌절을 겪었습니다. 괴로운 일이나 힘든 일이 있으면 그 상황에서 탈출하고 싶다고 생각하기 마련입니다. 하지만 현실에서 도망치고 싶어도 도망칠 수 없는 경우가 많습니다. 불운하고 불우하더라도 그것을 견디고 밝고 긍정적으로 노력을 계속해나가는 것이 인생이며, 저는 지금까지 그렇게 함으로써 꿈을 실현해왔습니다.

벤처기업 경영자 중에는 젊은 나이에 훌륭한 회사를 만들고 억만장자가 된 사람도 있습니다. 그 사람은 정말로 행복하겠구나 하고 많은 사람들이 생각할지도 모릅니다. 하지만 그 성공도 그 사람에게는 시련일 수 있어요. 젊은 나이에 부자가 되고 높은 지위를 얻으면 사람은 어느 순간 오만해지고 사치하게 됩니다. 그러면 언젠가 그것이 업보가 되어 되돌아오게 되지요. 열정을 다해 노력하고 적은 돈일지언정 아끼면서 성공한 것일 텐데, 막상 성공을 이루면 그다지 진지하게 일하지 않거나 취미, 유흥 등에 시간과 돈을 사용하게 됩니다.

그리고 거만하게 굴기 시작하는 사람도 있을 겁니다. 그런 사람의 경우 성공도 순식간에 사라지고 힘겹게 얻은 지위도 한순간에 잃은 뒤 결국 비참한 운명에 다다르게 됩니다. 젊을 때 성공해도 결코 낭비하지 말고 또 재난이나 큰 좌절이 있어도 의지가 꺾여선 안 됩니다. 중요한 것은 실패하든 좌절하든 간에 자신이 그것으로부터 무언가를 얻어내는 것입니다.

시련을 정면으로 받아들이고 그것을 밑거름 삼아 더 큰 노력을 기울이는 자세가 참다운 자신을 만들어 간다고 생각합니다.

7장

신념을 관철하다

신
념
을

관
철
하
다

JAL을 회생시키다

○

_____ 지금부터는 파산했던 JAL(일본공항)을 이나모리 회장님이 회생시키기까지의 과정에 대해 이야기를 듣고 싶습니다. 꽤 어려운 문제였기 때문에 과연 누가 이를 떠맡을지 궁금했었습니다. 이나모리 회장님께서 이 일을 맡기로 하셨다는 것을 듣고 깜짝 놀랐었는데요, 어떤 마음으로 맡게 되신 겁니까?

●

항공업계의 일 같은 건 한 번도 경험해보지 못했기 때문에 처음 제안을 받았을 때 저는 "초심자가 도산한 항공회사를 회생시킨다는 게 가능할 리 없습니다. 좀 더 업계에 정통하신 분이 계실 것이니, 이것은 그런 분에게 부탁해야 할 이야기 아닙니까?"라고 그 자리에서 거절했지요.

처음에 그렇게 거절했습니다만 관계자가 몇 번이고 다시 찾아왔어요. 나중에는 "이나모리 회장님 아니면 정말 안 될 것 같습니다"라며 간곡히 부탁하더군요. 저는 곤란함을 느끼며 JAL을 회생시키는 것의 의의를 한번 생각해봤습니다. 먼저 JAL이 2차 파산하게 되면 정체되어 있던 일본 경제가 더욱 손상을 입고, 사회적으로도 안 좋은 영향을 받을 수 있겠다고 생각했습니다. 그리고 JAL을 재건하려면 구조조정이 따르겠지만 그런다 해도 수만 명의 직원이 남을 것입니다. 그들의 일자리를 지킨다는 의미에서도 재건하지 않으면 안 된다고 생각했습니다.

더욱이 혹시 재건하지 못할 경우 일본의 거대 항공회사는 이제 하나밖에 남지 않을 것이었습니다. 자본주의 경제는 자유경쟁 시스템 속에서도 바른 경쟁이

행해지는 것이 중요한데 독점이 되어버리는 것은 절대로 막아야만 한다고 생각했지요. 이 세 가지 커다란 이유가 있다고 생각하니 JAL이 살아남는 것은 정말로 사회적인 의미가 있는 것이었습니다. 그리고 저 아니면 안 된다고 모두가 말한다면 제 몸 돌아볼 것 없이 이를 수락해야 하는 게 아닌가 하고 마음이 변했습니다.

○

_____ 자신의 몸이 축날지 모른다 하더라도 일본 사회를 위해 기꺼이 받아들이신 거군요.

●

제가 만든 교세라와 KDDI(과거 제2전전)는 순조롭게 일이 풀려 어떠한 부족함 없이 운영되고 있었습니다. 얼마 남지 않은 인생에서 JAL의 회생은 목숨 걸고 이뤄낼 만한 사회적 의미가 있다고 생각했지요. 갑자기 솟아난 것과 같은 이야기에 정의 같은 중요한 의미를 느끼지 못했더라면 제가 나서겠다는 생각이 들진 않았을 거라 생각합니다.

○

●

'이것은 꼭 하지 않으면 안 된다'라는 마음뿐이었습니다. 제 인생관 속에서 '혹시 안 된다면…' 하는 마음이 조금이라도 있었다면 그것은 안 되는 것이 맞습니다. 그러나 '해야만 한다'고 생각하는 것에 대해선 어떠한 방책이 보이지 않더라도 노력하면 반드시 길이 열릴 것이라는 마음가짐이었습니다. 반대로 '과연 잘될까?' 하고 조금이라도 의심하는 마음을 갖는다면 그 생각은 잘 풀리지 않을 것이라고 저는 생각하고 있습니다.

2010년 2월 1일 JAL의 회장에 취임하고,
오오니시 마사루 사장(당시)과 기자회견할 때의 사진.
이날부터 2013년 3월 31일까지 약 3년간 전력투구로 경영에 임했다.

서민의 마음이
가장 중요하다

○

_____ JAL의 첫인상은 어땠습니까?

●

항공업계에 관해 잘 모르는 상황이었지만, 다만 제가
알고 있었던 것은 JAL의 승객에 대한 서비스가 좋지
않았다는 점입니다. 해외 일도 많고 비행기를 자주 이
용하기 때문에 저는 이 점을 몸소 느끼고 있었습니다.

사실은 JAL의 업무를 맡기 전 수년간 저는 JAL의
그런 점이 싫어 늘 다른 항공회사를 이용해왔을 정도
입니다.

○

_____ 어디가 그렇게 마음에 들지 않았던 겁니까?

●

매뉴얼 일변도랄까요. 고객을 위한 진심어린 마음이 부족하다 보니 자연스레 그것이 표정과 태도에서 전해졌습니다. 그래서 저는 JAL이 싫었습니다.

JAL의 임원후보인 간부들과 만났을 때에도 저는 JAL의 이미지가 안 좋았다는 말로 대화를 시작했습니다. 그러고 1시간 반 정도의 회의를 통해 그들의 의견을 들었습니다만 그들의 분위기 역시 제가 외부에서 느끼고 있던 이미지와 정확히 일치했습니다. 한마디로 머리 좋은 사람들이 줄지어 있고 매우 관료적인 조직이었습니다. 이론도 정확하고 말하는 것도 훌륭했지만 저와 같은 서민의 눈으로 보면 말하고 있는 것이 마음에 와 닿지 않았지요. 개인적으로 그런 감상을 받았습니다.

○

——————— 그들의 태도가 마음에 와 닿지 않으셨
군요.

●

원래부터 저는 중소 영세기업에서 조금씩 세를 불려
온 서민적인 사람입니다. 거기에서 올라왔기 때문에
서민적인 마인드라는 것이 가장 중요하다고 생각하고
있습니다.

　그런 시각에서 보면 현재 관료의 대부분은 자신들
이 이 나라를 지탱하고, 자신들 외에 이 나라에 대해
진지하게 걱정하는 사람은 없다고 생각하는 경향이
있는 것 같습니다. 자신들이 이 나라를 다스리고, 모
든 방책을 만들고, 또 그것을 실행해간다고요. 서민
의 마음을 제대로 헤아려보고자 하는 노력이 없다는
것이죠. 저는 그런 태도를 서민의 편에서 계속 봐왔기
때문에 그런 관료적인 본질이 정말 싫다고 계속 생각
해왔습니다.

바로 제가 싫어하는 그것이 JAL에도 있었습니다. 이래서야 수만 명이나 되는 직원들이 제대로 쫓아올 리가 없고 회사가 망하는 것도 당연하다고 생각했습니다.

의식을 바꾸다

○

_____ 생각을 바꾸기 위해서는 커다란 의식 개혁이 필요하다고 생각합니다만, 이나모리 회장님은 그들의 의식을 어떻게 송두리째 바꾸신 겁니까?

●

우선 엘리트가 가지고 있는 관료적 의식을 근본부터 부숴버리는 겁니다. 그리고 사람을 다스리고 이끌어가고자 한다면 가장 중요한 것은 '사랑과 성실함'이라고 생각합니다. 즉 사람을 사랑하는 마음이지요. 회사의 경영진 간부들이 "저 사람은 훌륭한 사람이다. 사고방식도 훌륭하고, 하는 일도 훌륭하다"라는 존경과 사랑을 받는 무언가가 없다면 결코 사람을 끌어당길 수 없습니다. 그렇기 때문에 저는 "마음을 바꿔갑시다"라고 말하는 것에서부터 시작했습니다.

○

그분들의 반응은 어땠습니까?

●

모두들 "그렇군" 하는 얼굴이어서, 저는 구체적으로 "사랑과 성실함이 중요합니다", "좀 더 미소를 띄워보세요" "마음을 담아 고객을 응대하세요"와 같은 정말로 기본적인 사항을 제시했습니다. 구체적으로 이야기하다 보면 이렇게 아이들에게나 말할 법한 이야기가 되곤 하지요.

그들은 일류대학을 나와 대기업 간부까지 된 성인이 뭘 이제 와서 그런 이야기를 또 들어야 하느냐 하는 얼굴로 듣고 있었습니다. 하지만 저는 분명 그것을 깨부수지 않으면 안 된다고 생각했기 때문에 계속 강조했습니다.

"여러분들이 어린아이도 아니고, 이런 얘길 굳이 들어야 하느냐 싶겠지만, 여러분들은 이런 것을 머리로는 잘 알고 계실 테죠. 하지만 머리로는 알고 있더라도 그것이 자신의 몸에 체득되고 마음속에 자리해 실제 행동으로 나타나지 않는다면 모르는 것과 다름없습니다. 혹시 그것을 인생을 살아가는 태도로 삼지는 않았겠지요. 오늘부터 '인간적으로 옳은 일인가'를 좌표로 삼아 거기서부터 세상의 모든 일을 판단해보도록 합시다. 가령 회사 입장에서 형편이 좋고 이득이 되는 일이더라도 과연 그것이 인간적으로 옳은 것인지 묻고, 그렇지 못하다면 단칼에 그만둡시다. 일하는 사람의 인간성이 훌륭하지 않다면 회사는 절대로 잘 운영될 수 없습니다. 바보 취급하지 말라고 생각하실지 모릅니다만 우선 그 근본을 바꿔주지 않으면 안 되겠습니다."

○

_____ 말씀 듣다가 소름이 다 돋았습니다. 머리로 알고 있는 것과 실제로 그것을 행동으로 옮겼는가는 분명 큰 차이가 있는 것이죠.

●

네, 머리로 알고 있더라도 단지 거기서 머무르면 아무 의미가 없어요. 그것을 행동으로 옮길 때의 기준으로 삼고 있는가가 정말 중요합니다.

○

_____ 이러한 점을 이행시키려면 아주 큰 의식의 개혁이 전 직원에게 일어나야 할 텐데요. 구체적으로 어떻게 유도하셨습니까?

●

모두의 의식을 완전히 바꾸려면 어떤 인생관과 철학을 갖게 해야 하는 것인가. 기업이 훌륭한 경영을 하고자 한다면 경영자의 인생관과 철학은 매우 중요합니다. 저는 교세라를 1959년 창업한 이래 계속 경영을 해오며 필요하다고 생각한 철학을 담은 〈교세라 철학 수첩〉을 직원들에게 전하고 또 함께 그것을 실천해왔습니다.

교세라 철학의 의의는 '인간으로서 무엇이 옳은가'를 판단하는 기준이 되는 것입니다. 여기엔 '거짓말을 하면 안 된다', '사람에게 폐를 끼치면 안 된다', '정직해야 된다', '과욕을 부려서는 안 된다', '자기 자신만을 생각해선 안 된다'와 같은 모두가 어린 시절 부모나 선생님에게 교육받았을 단순한 규범들이 담겨 있지요. 이러한 삶의 방식으로 인생을 보내면 한 명 한 명의 인생이 행복해지고, 회사 전체도 번영하게 된다는 것을 저는 직원 모두에게 계속 말하며 함께 실천해왔습니다. 이런 사고방식을 다함께 공유하는 것이 매우 중요하다고 생각합니다.

○

_____ 여기에 그 〈교세라 철학수첩〉이 있습니다. 목차를 열어보면 '교세라가 추구하는 것'이 있고 여러 항목이 나열되어 있군요.

- 마음을 베이스로 삼아 경영한다
- 원리와 원칙을 따른다
- 방향성을 맞춘다
- 감사하는 마음을 갖는다
- 이타심을 판단의 기준으로 한다
- 인간의 무한한 가능성을 추구한다

●

이 〈교세라 철학수첩〉은 직원 각자가 늘 주머니에 넣어 가지고 다닙니다. 조금 엄격해 보일 수 있고 이론적인 걸 요구하는 면이 있습니다만 저는 이런 것이 매우 중요하다고 생각합니다.

이것을 경영의 기본으로 삼아 모든 판단의 기준으로 삼았습니다. 이것에 따라 경영함으로써 헤매지 않고 바른 길을 걸을 수 있었으며 사업을 성공적으로 이끌 수 있었다고 생각합니다. 실은 KDDI를 시작하던 당시도 그랬습니다. 제가 세라믹 전문가이지만 전기통신에 대해서는 아무것도 모르는 초보자였기 때문입니다. 그럼에도 감히 전기통신 사업에 참가한 것은 '세상과 사람을 위해서'였음은 물론이요, 그것을 성공한다면 제 철학이 옳다는 것이 증명된다고 생각했기 때문입니다. 세간에서는 세라믹 사업이 시류를 잘 타서 잘 풀린 것이라고 평가내리기도 합니다. 하지만 KDDI가 훌륭한 기업으로 성장하고 있는 것을 생각하면 역시 철학을 실천해온 것이 옳은 방향이었다고 말할 수 있겠지요.

그렇기 때문에 파산한 JAL이 이후 다시 태어나기 위해 어떤 사고방식과 철학이 필요한지는 매우 중요한 것입니다. 저는 JAL의 간부에게 〈교세라 철학수첩〉을 직접 전해주고 그것을 참고해 JAL의 철학, 인생관, 사고방식 등을 정립해 달라고 했습니다. 그런 뒤 당시 사장과 간부들이 모여 연일 공부회를 통해 만들어낸 것이 바로 〈JAL 철학수첩〉입니다. 비슷한 내용이지만 또 하나의 철학을 그들 스스로 만들어냈습니다.

○

_____ 이 〈JAL 철학수첩〉은 문외불출이라 들었습니다.

●

네, 그렇게 알려져 있지요. 한번 내용을 봐주십시오.

○

_____ 그럼 살펴보겠습니다. 펼쳐보니 우선 이나모리 회장님의 인사가 있네요. 그리고 기업이념이 나오네요.

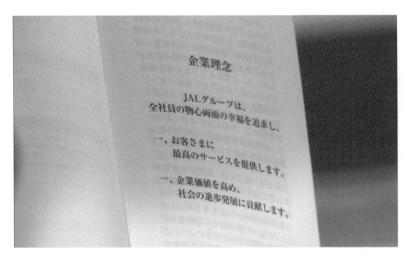

〈JAL 철학수첩〉에 담긴 기업이념 관련 페이지.
기업이념에 '전 직원의 행복을 물심양면으로 추구한다'라고 게재되어 있다.

> **JAL그룹은 전 직원의 행복을 물심양면으로 추구한다.**
>
> * 고객에게 최고의 서비스를 제공한다.
> * 기업 가치를 높여 사회 진보 및 발전에 공헌한다.

이 기업이념을 만들 때 JAL의 재건에 관계된 공인회계사, 변호사 분들에게 "JAL의 경영 목적이 '전 직원의 행복을 물심양면으로 추구한다'입니까?"라는 질문을 받았습니다. "좀 더 무언가 격조 높은 목적이나 이념이 있어도 좋을 텐데요" 하는 반응도 있었지요. 저는 이렇게 대답했습니다.

"이것이면 충분합니다. 일하는 직원이 마음 깊은 곳에서 행복을 느끼지 못하면 회사가 제대로 운영될 리가 없지요. 목적이나 보기 좋은 것을 많이 늘어놓는 방법이 있습니다만, 빈 깡통처럼 자신과는 아무런 관계도 없는 것들이 적혀 있을 뿐입니다. 가장 중요한건 직원들이 이 회사에서 일하면서 행복을 느끼는 것

입니다. 그러다 보면 기업 가치는 자연스레 오르고 그
것이 주가에도 반영됩니다. 모든 것의 원점은 직원이
행복하다고 여길 상황을 만들어주는 것이고, 그 이상
은 없을 것입니다."

겸허함을 잊지 말라

○

_____ 항공업계도 최근 수년간 크게 변화해왔습니다. 저가 항공회사도 나왔습니다. 후발 기업들에게 맡기고 싶은 것은 어떤 것이 있습니까?

●

현재의 JAL은 세계 항공 회사들 중에서도 많은 수익을 내는 회사로 평가받고 있습니다. 하지만 기고만장해서 경영에 임하면 위험합니다. "언제까지나 겸허함을 잊지 말고, 신중한 경영을 목표로 하라" 이렇게 주문하고 싶습니다.

주주들로부터 "회사를 더 크게 키우는 건 어떻습니까?" 하는 목소리가 나오고 있습니다만, 단순히 매상 확대를 지향하는 것으로 회사가 제대로 운영되는 것이 아닙니다. 어디까지나 신중한 경영을 지속해나가고자 생각하고 있습니다.

JAL의 경영을 맡은 뒤 항공업계만큼 어려운 업계는 없다고 느꼈습니다. 진지하게 한 걸음 한 걸음 내딛으며 전력으로 노력해왔지만 사회 변동에 따라 실적이 크게 영향을 받습니다. 환율이 변하면 매상도 변합니다. 중동 지역에서 분쟁이 발생하면 원유 가격이 오르고 연료비도 상승해 채산성이 떨어집니다. 혹시 만의 하나 항공 사고라도 발생하면 상상도 할 수 없는 일이 벌어지고 맙니다.

JAL에 있었던 3년간 정말로 어떤 일이 벌어질지 알 수 없었기에 항상 손실을 받을 가능성을 염두에 둬야 했고, 정말이지 한순간도 마음 놓고 쉴 시간이 없었습니다.

2012년 9월 19일 JAL은 파산한 지 2년 8개월 만에
도쿄 증권 거래소 1부에 재상장했다.
어떻게 해서든 이뤄내겠다는 마음으로 노력했기 때문에 정말 감개무량했다.

8장

모두가 행복해지는 경영

모두가 행복해지는 경영

젊은 경영자를 위한
'세이와학원'

○

_____ 이나모리 회장님은 중소기업 경영자들을 위한 '세이와학원' 활동을 50대에 시작하시고, 현재도 정열을 바치고 계십니다. 어떤 마음으로 어떤 것을 전하고자 하십니까?

●

교세라를 창업했을 당시 저는 스물일곱 살이었고 기술자였기 때문에 기술에 대한 건 알고 있었습니다. 하지만 경영에 관한 것은 아무것도 모르고 그저 보고 흉내내며 필사적으로 운영했습니다.

쉰 살을 넘긴 이후 세상을 돌아보니 일본의 생산업계에 대기업은 극히 일부에 지나지 않고 99%에 달하는 기업들이 중소기업이라는 걸 새삼 깨달았지요. 중소기업 경영자의 대다수가 어디서 또 어떻게 경영 공부를 할까 따져보다가 경영을 가르쳐주는 곳이 거의 없다는 사실을 알게 되었습니다.

상업고등학교에서 부기는 배우지만 경영에 대해서는 가르쳐주지 않습니다. 대학 경영학부에서 가르쳐주는 것은 학문이고 실제적인 경영법은 가르쳐주지 않습니다.

○

_____ 학교에서 경영법을 가르쳐주지 않습니까?

●

일본의 중소기업은 조부 또는 아버지가 시작한 사업을 가업으로 물려받아 자식이 경영하게 되는 경우가

젊은 경영자들을 위한 경영학원인 '세이와학원'을 시작한 것은 1983년이다.
학원 수는 국내외 총 79개소이며 학생 수는 9,000명 이상이다.
자원봉사로서 시작했지만 이렇게까지 큰 규모가 될 것이라곤 꿈에도 생각지 못했다.
앞으로도 시간이 되는 한 경영이나 인생에 관한 강의를 진행하고자 한다.

대부분입니다. 그러니까 매월 매출이 있고, 경비가 발생하며, 경리 담당자가 그것을 처리하겠지요. 그리고 이번 달의 이익은 이만큼이고 또 이번 달은 이만큼의 적자가 났다는 보고를 들으며 경영합니다. 그것이 경영이라고 생각하면서요. 말하자면 '경영이란 어떤 것인가?' '경영자에겐 어떤 각오가 필요한 것인가?' '어떤 사고방식을 가져야만 하는가?' 하는 것을 누구에게도 배운 적이 없습니다. 이것은 매우 큰일이라고 생각했었습니다.

직원이 행복할 수 있는
경영을 목표로

○

─────────── 경영자에게 있어서 가장 중요한 사고방
식이 전해지지 않고 있다는 말씀이군요.

●

제가 교세라의 경영자가 되었을 당시 우선 경영에 관
한 책을 읽으며 공부하고자 했으나 제가 알고자 하는
것이 기술되어 있는 책이 없어 굉장히 아쉬웠습니다.
그래서 경영은 이런 것이다라는 걸 가르쳐주고 싶어
'세이와학원'을 시작하게 된 것이지요.
　학원명은 기업의 '융성'과 인덕의 '화합'을 지향한다

는 의미를 담고 있습니다. 이래저래 30년 이상 지속되어 지금은 미국, 브라질, 중국, 타이완에 퍼져나가 9천 명 이상의 학생이 경영 수업을 듣고 있어요.

○

_____ 경영이란 것을 한마디로 설명해주신다면?

●

만일 당신이 회사를 경영하고 있다고 해봅시다. 10명 정도의 직원을 거느린 영세기업이라 하더라도 그 10명에게는 분명히 가족이 있을 것입니다. 그분들의 생활을 지켜줘야만 하는 것이지요. "단순하게 생각하고 있을지도 모릅니다만, 혹시 당신이 미숙한 경영을 해서 회사가 망하게 되면 그 직원들을 거리에 나앉게 만드는 것입니다. 가업을 이어받아 경영하고 있다고 해도 그것은 사회적으로 커다란 사명을 가진 자리로서 우선 그것을 인지하지 않으면 곤란합니다." 저는 이런 식으로 모두에게 이야기하고 있습니다.

경영은 돈벌이만 되면 되는 단순한 것이 아닙니다. 회사를 훌륭하게 성장시키기 위해서는 경리를 이해하고 있지 않으면 안 되며 경영이념이 무엇보다도 중요합니다. 그리고 직원을 어떻게 이끌어갈 것인가 또한 중요합니다.

○

_____ 경영자에게 필요한 것은 무엇입니까?

●

저는 세이와학원에서 "누구에게도 지지 않을 만큼 노력하라"고 자주 이야기합니다. 학원에 온 학생들은 회사의 2대째, 3대째인 경우가 대부분으로 저는 학생들의 선대에 비해 엄격한 지도를 합니다. 선대가 말하는 것은 듣지 않더라도 세이와학원에 와서는 제가 하는 말에 귀를 기울여주기 때문입니다.

"훌륭한 회사의 발자취를 따르게 해줄 테니 누구에

게도 지지 않을 노력을 하세요. 그리고 선대에게 물려받은 회사를 몇 배로 키워 보답하십시오." 대부분의 사람들은 "저는 노력을 하고 있습니다"라고 대답합니다만 "정말로 누구에게도 지지 않을 만큼 노력하고 있습니까?" 하고 역으로 물어보곤 합니다. 누구에게도 지지 않을 만큼 노력한다는 것은 굉장히 어려운 것이지요.

"주변을 돌아보십시오. 당신이 자고 있을 때에도, 아직 자지 않고 노력하고 있는 사람이 있습니다. 당신도 이에 지지 말고 노력하십시오. 그 정도로 노력하지 않는다면 세상일은 잘 풀리지 않습니다."

즉 이것이 누구에게도 지지 않을 노력이란 것입니다. 공부나 스포츠도 마찬가지입니다. 자는 시간도 아껴서 모든 일에 힘쓰지 않으면 보통의 결과만이 있을 뿐입니다.

○

_____ 앞으로 경영이 점점 더 어려워질지도 모릅니다. 앞으로의 경영자에게 가장 호소하고 싶은 것은 무엇입니까?

●

경영 동기가 돈을 벌고 싶다거나, 가업인 사업을 더 크게 키우고 싶다와 같은 단순한 것이어서는 절대로 일이 잘 풀리지 않습니다. 일시적으로는 잘 풀릴지 모르지만…. 말했듯이 사람을 고용하는 것은 사회적인 것이고 직원 전부가 행복하게 되는 것을 목표로 경영해야 합니다.

리더가 가진 인생관, 철학, 사고방식, 이런 것이 모든 것을 결정합니다. 회사라는 것은 결국 리더의 기량이나 인격의 수준에 맞아 떨어집니다.

큰 기업의 경영자가 되면 회사 자동차도 제공되고 품위 유지비도 제공됩니다. 이는 경영자인 당신이 남들보다 몇 배는 더 고생하고, 몇 배는 더 책임이 무거

우며, 직원을 행복하게 해야 한다는 중책을 맡고 있기 때문입니다. 그것에 보답하기 위해 회사 차의 사용을 허가받는 것이지 당신이 훌륭하기 때문이 아닙니다. 그러니까 그에 상응하는 책임과 자각을 가지기를 저는 경영자들에게 조언하고 있습니다.

경영자라는 자격을 얻고 우쭐해 본인이 사장이다 또는 전무다 하며 거만해진 사람을 종종 보곤 하는데, 지위가 오를수록 책임이 무거워짐을 깨닫고 자만심을 항상 경계하며 노력하는 곧은 마음의 경영자가 되어 주길 바라고 있습니다.

정직한 성품에 대하여

○

_____ 경영자가 되면 이런저런 상황에서 올바른 판단을 내리기가 매우 어려울 것이라는 생각이 드는데요.

●

보통 저희들은 주위 사람들로부터 미움받지 않기 위해 말해야만 하는 걸 말하지 못한다거나, 올바른 것을 올바르게 처리하지 못하기도 합니다만 사업을 올바르게 진행해나가려면 일관성을 가질 '용기'가 필요합니다.

특히 경영자가 되면 사업을 실패 없이 진행하기 위해 요소요소에 올바른 결단이 요청되며, 이때 바로 용기가 필요합니다. 저는 교세라 경영을 오랫동안 도맡아 오면서 그런 것을 뼈저리게 느꼈지요.

소학교에 다니던 당시 저는 골목대장이었고, 대학 시절에는 공수도(가라테)를 했던 적도 있는 등 완력에는 자신이 있었습니다. 말하자면 육체적 강건함은 가지고 있었기에 정신적 터프함도 겸비하는 것이 가능했지요. 그런데 이런 강건함을 가진 사람은 대부분 기가 세고 진취적인 성향이 강합니다. 그렇기 때문에 하지 않아도 될 싸움을 하거나, 억지로 사업을 진행하다 실패하는 경우도 많습니다만 경영자에게 필요한 것은 그런 '야만적 용기'가 아니라 '진짜 용기'입니다.

이외에 경영자에게는 '겁쟁이'라는 자질이 꼭 필요합니다. 돈을 빌리더라도, 사업을 전개하더라도, 무엇을 하더라도 처음에 벌벌 떨고 마는 소심한 타입의 사람이 점차 경험을 쌓아서 담력이 생깁니다. 그런 사람이야말로 진짜 용기를 가진 사람으로 성장해갑니다.

저는 그렇게 생각했기에 처음부터 배짱이 있어 쉬이 분쟁을 일으키는 사람은 웬만하면 직원으로 고용하지 않고, 겁보에 겁쟁이인 사람을 골라 경험을 쌓게 해 용기 있는 사람으로 키워냈습니다.

○

_____ 어린 시절의 '순수한 마음'이 중요하다고 하셨는데, 그것이 성인인 경영자에게도 필요합니까?

●

매우 중요한 것이라고 생각합니다. 세이와학원에 입학하는 분들은 이런 순수한 마음을 가지고 있는 것으로 보입니다. 경영철학 등과 같은 고지식한 것을 공부하고자 하는 사람은 역시 순수함을 마음속에 가지고 있지 못하고, 비뚤어진 마음이나 순수하지 못한 마음으론 제 이야기를 듣고자 하는 마음이 들지 않을 것이란 생각이 듭니다. 순수함이란 순종적 의미를 가지고 있는 것처럼 보이지만 그렇지 않고, 자기 자신의 부족함을 인정하고 그것을 노력으로 채워나가는 겸허한 자세를 말합니다. 능력이 있는 사람이나 타고난 기질이 강한 사람, 자기 의견이 강한 사람은 주변의 의견을 듣지 않고, 혹시 듣더라도 반발합니다.

하지만 정말로 발전성이 있는 사람은 순수한 마음을 가져 타인의 의견을 잘 듣고 항상 반성하며 자기 자신을 되돌아보는 것이 가능한 사람입니다. 순수한 마음이 없으면 인간의 성장이나 진보도 불가능하지요. 이 순수한 마음의 중요성에 대해 설명한 것은 마쓰시타 고노스케입니다.

마쓰시타 씨는 소학교조차 만족스럽게 다니지 못했음에도 파나소닉이라는 대기업을 만들어냈습니다. 그 마쓰시타 씨의 원동력이 바로 순수한 마음입니다. 마쓰시타 씨는 제2차 세계대전이 일어나기 전 이미 훌륭한 성공을 손에 쥐었습니다. 혹시 자신이 대단해서 성공한 거라 여겼다면 아마도 거기서 끝이었을 겁니다. 하지만 시간이 지나도 변함없이 "나는 학교도 제대로 졸업하지 못했다. 학문이 부족하다"라고 말하며, "타인에게 가르침을 받는다는 마음가짐으로 자신을 성장시키겠다"라는 자세를 끝까지 잃지 않으려 노력했습니다. 바로 그 때문에 타인의 의견을 듣고 세상일을 익히며 성공과 발전을 이뤄낸 것이지요.

순수한 마음이란 자신의 부족함을 인정하고 맑은 마음으로 세상일을 익혀나가며 겸허한 자세로 있는 것이며, 이것이 바로 성공의 열쇠입니다. 그렇기 때문에 저는 〈교세라 철학수첩〉 안에 '순수한 마음을 갖는다'라는 것을 중요 항목으로 넣어둔 것입니다.

성공은
자기희생을 동반한다

○

————————— 지금까지 직원과 그 가족을 위해 인생을
바쳐오셨는데, 이나모리 회장님 본인과 그 가족들은 행
복하셨습니까?

●

가장 어려운 질문이군요. 제게는 딸이 셋이 있어요.
어느 날 밤 집에 돌아와 딸들과 이야기를 나눴습니다.
"초등학교, 중학교 수업 참관에도, 운동회에도 가주지
못해 정말로 미안하다. 아빠는 수천 명에 달하는 직원
가족을 데리고 있고, 또 그 가족들에겐 수천 명에 달

하는 아이가 있단다. 아빠는 그들도 지키지 않으면 안 된단다. 너희 세 명이 외로워하는 것은 알고 있지만 어쩔 수 없는 이 사정을 헤아려줬으면 한다."

그리고 어느 날 밤에는 "아빠가 이렇게 전심전력을 다해 일하고 있는 것은 집에 돈이 없음에도 집을 담보로 은행에서 돈을 빌렸기 때문이야. 혹시 회사가 망하면 이 집도 전부 빼앗겨버리게 되는 거지. 밥공기랑 젓가락, 냄비 정도는 남겨줄지 모르지만 전부 다 빼앗겨버린단다"라고 중얼거렸는데, 딸들이 그것을 듣고 등골이 조금 서늘해졌다고 어느 날 이야기하더군요. "어린 저희들에게 그것을 이해해 달라 한 건 무리죠. 너무 엄격한 아버지라고 생각했었어요"라고 성인이 된 딸들이 말했었습니다. 저는 아이들에게 걱정을 끼치고 있었던 겁니다.

영국의 철학자 제임스 앨런●이라는 사람은 "큰 성공을 원한다면 큰 자기희생을 지불해야 한다"라고 이

●1864년 영국 태생. 톨스토이에 영향을 받아 38세부터 저술에 전념했으며 대표작으로는 《원인과 결과의 법칙》이 있다.

야기했습니다. 훌륭한 것을 하고자 생각한다면 그것이 큰 것일수록 거기에 필적하는 커다란 자기희생을 필요로 합니다. 자기희생을 거부한다면 성공은 불가능합니다. 분명히 그렇습니다. 어떠한 것이든 전부 잘되게 하는 것은 불가능하지요.

가족들에게 아무것도 해주지 못했습니다. 이런 희생을 감수하며 견뎌준 아내와 아이들이 있어서 저는 정말로 다행이라고 생각합니다. 가족이 지탱해준 덕분에 지금의 제가 있는 거라 여기며 감사하고 있습니다.

일하는 것에서
얻는 기쁨

○

—————— 무시무시한 각오로 달려오셨는데, 앞으로는 어떻게 보내실 예정입니까?

●

JAL의 경영이 안정되었기 때문에 저도 이제 그만두고 자유를 만끽하며 마음 편히 여행이라도 한번 다녀오고 싶다는 생각을 하고 있습니다.

지금까지 저는 오로지 일뿐인 인생을 살아왔습니다. 언젠가는 일만 할 뿐이라면 인생이 따분하지 않느냐라는 질문을 받은 적이 있습니다. 취미나 오락도 필요하다는 의견도 있겠지만, 그래도 인간은 일에서 정말로 진정한 기쁨을 얻게 된다고 생각합니다.

취미나 유희의 즐거움은 일의 충실함이 있기에 맛볼 수 있는 것입니다. 일을 소홀히 하고 취미나 유희의 세계에서 기쁨을 찾는다면 단지 일시적인 즐거움을 누릴 수 있을 뿐입니다. 마음으로부터 솟아오르는 기쁨을 맛볼 순 없을 거라 생각합니다. 일의 기쁨이라는 것은 눈깔사탕과 같이 입에 넣으면 금세 달콤함을 느끼는 것과 같은 단순한 것이 아닙니다. 노동은 고통스러움이나 괴로움의 속에서 번져나오는 것으로 그 고통스러움을 뛰어넘었을 때 존재하는 것입니다.

그렇기 때문에 일하는 것으로 얻을 수 있는 기쁨은 각별함이 있고, 유희나 취미로 얻는 기쁨이 그것을 절대로 대체할 수 없습니다. 진지하게 전력으로 일에 몰두해 괴로움이나 고통스러움을 뛰어넘어 무언가 달성했을 때의 그 성취감. 이것과 비교할 수 있는 기쁨은 없다고 저는 제 인생을 되돌아보며 깨달았습니다.

하지만 일에 전력으로 몰두한다 해도 좋은 결과만

이 나오진 않습니다. 그래서 성취감도 얻지 못한 채 좌절하는 경우도 있습니다만, 그렇다 해도 일은 인간으로서의 기초를 만들고 인격을 드높여주는 수행의 역할도 가지고 있습니다.

○

─────── 이나모리 회장님처럼 일을 좋아하려면 어떻게 해야 합니까?

●

어떤 일이더라도 열정적으로 몰두하면 거기서 차차 재미를 느낄 수 있습니다. 그러다 보면 의욕도 생기고 곧 성과도 따라옵니다. 그리고 어느새 일을 좋아하게 된 자신을 발견하게 됩니다.

일이 너무나도 싫다고 여겨지더라도 조금 더 힘내 보는 것. 적극적으로 임해보자고 결심하는 것. 이런 것이 인생 변화에 직결된다고 생각합니다. 이때 중요한 것은 '나를 극복하는 것'입니다. 자신의 욕망을 억

누르거나 어리광을 부리고자 하는 마음을 참는 것이 불가능하다면 어떠한 것도 이뤄낼 수 없으며 가능한 능력을 최대한 발휘하는 것도 불가능합니다.

예를 들어 공부를 열심히 하는 사람은 보고 싶은 영화나 TV를 보지 않고 안이하게 흘러가려는 자신을 극복하고 공부와 정면으로 마주합니다. 사회에서 성공한 사람들도 이와 같지요. 놀고 싶다는 기분을 억누르고 일에 힘쓴 결과 성공을 얻게 된 것입니다.

일을 좋아하게 되는 여부는 우직하게 그리고 열정적으로 일에 몰두하는 것이 가능한가에 달려 있다고 생각합니다.

●

일용할 양식을 얻기 위한 물질적인 수단으로만 이해하는 건 잘못된 자세입니다. 일하는 것에 의미와 가치가 있다는 것을 젊은 사람들이 알아주길 바랍니다. 어떤 직업이더라도 사람은 일을 통해 사회를 알고 성장합니다. 단지 머리가 좋다거나 좋은 대학을 나온 것으론 부족하고 몸이 가루가 되도록 남들 모르게 노력을 쌓아가면서 인간이 되어갑니다.

스포츠 세계에서도 마찬가지지요. 부단히 노력하며 곤란을 극복한 사람은 인간으로서 매우 매력적인 사람이 됩니다. 여러 가지 경험을 하는 것이 결국 인간을 만듭니다.

자신의 마음을 갈고닦아 풍부하게 만들기 위해 힘껏 일에 몰두하는 것. 이를 통해 더욱더 자신의 인생을 훌륭한 것으로 만드는 것이 가능하다고 저는 생각합니다.

○

_____ 꾸준한 노력이 중요한 것이군요.

●

지금의 제가 있는 것은 지루한 일을 질리지 않고 계속 해왔기 때문입니다. 젊은 사람은 모두 자기 나름대로 '위대한 것을 실현하고 싶다'라는 꿈을 가지고 있다고 생각합니다. 꿈의 실현은 꾸준한 노력에서 시작됩니다. 그것을 실현시키기 위해 꾸준한 노력을 하지 않고 단지 꿈을 꾸기만 한다면 그저 꿈에만 머물 뿐입니다.

인생의 길목에 에스컬레이터처럼 편리한 탈 것은 없어요. 한 걸음 한 걸음 자신의 발로 걸어나가면서 자신의 힘으로 오르는 것 말고는 다른 방법이 없습니다.

젊은이들은 "그렇게 한 걸음 한 걸음 걷는 건 속도가 느려서 일평생 그것을 실현하지 못하는 게 아닌가" 하고 생각할지도 모르겠습니다. 그러나 한 걸음 한 걸음 쌓아올린 것이 있기에 마법과도 같은 상승효과가 탄생하는 것입니다. 매일매일의 꾸준한 노력이야말로 한층 더 노력과 성과를 불러일으키고 어느 순간 믿을 수 없이 높은 곳에 도달하게 됩니다. 가고시마 시골에서 태어나고 자란 극히 보통의 평범한 인간이었던 제가 여기까지 달려온 것이 바로 그 증거입니다. 이것이 학습이나 스포츠 또는 일에서 꿈을 실현하는 단 하나의 확실한 방법이라 생각합니다.

"진지하게 열정적으로 일에 몰두하자"라고 하면 별것 아닌 말처럼 들릴지 모릅니다만 이 평범한 말에는 인생의 진리가 숨겨져 있습니다.

언제나 밝고
감사하는 마음으로

'인생의 화복은 마치 꼬아놓은 새끼처럼 변한다'라는 말이 있습니다. 어떤 의미냐 하면, 좋은 것과 나쁜 것으로 구성되어 있는 것이 인생이라는 의미입니다. 그러므로 좋든 나쁘든 간에 어떤 일이든지 감사하는 마음을 가지고 살아가야 하는 것입니다. 복이 다가왔을 때만이 아니라 불화와 조우했을 때에도 감사하는 마음을 가져야 합니다.

하지만 맑은 날에도, 흐린 날에도 변치 않고 감사하는 마음을 가진다는 것은 어려운 일이지요. 이를테면 만일 재난에 맞닥뜨렸는데, 이것도 수행이니 감사한 마음을 가져야 한다 해보십시오. 누구도 여간해선 그런 기분이 들지 않을 것입니다. 오히려 어째서 나만 이런 꼴이 되는 것이냐며 원망을 품는 것이 사람의 본성이지요. 그렇다고 해서 세상일이 잘 풀리고 있을 때, 행운이 계속될 때 감사하는 마음이 생기는가 하면, 그것도 또 그렇지만은 않습니다. 좋으면 좋은 대로 당연한 것으로 여깁니다. 그뿐만 아니라 "좀 더" 하고 욕심을 부리는 것이 인간입니다.

필요한 것은 '어떤 일이 있어도 감사하는 마음을 갖는다'라고 마음에 새기는 것입니다. 감사하는 마음이 솟아오르지 않을 때에도 어쨌든 감사하는 마음을 자신에게 부과해야 합니다. 어려움과 마주한다면 성장할 수 있는 기회가 주어졌다며 감사히 여기고, 행복한 일이 있다면 더더욱 감사하는 마음을 갖는 것이지요. 그렇게 생각할 수 있을 만한 '감사의 그릇'을 의식적으로 자신의 마음에 준비해둬야 합니다.

감사하는 마음을 가지고 있으면 어떠한 경우에도 만족감을 맛볼 수 있게 된다고 생각합니다. 그리고 아무리 힘들더라도 항상 밝은 마음으로 이상을 추구하고 희망을 가져야 합니다. 인생은 멋지고 희망으로 가득 차 있습니다. 신기하게도 인생이 잘 풀리고 있는 사람은 밝은 마음을 가지고 있습니다. 불평불만을 말하고, 남을 원망하고, 증오한다면 절대로 멋진 인생을 영위할 수 없을 것입니다.

누구에게나 밝은 인생이 열릴 것입니다. 우선 이것을 믿고 누구에게도 지지 않을 만큼의 노력을 해보세요. 그러면 여러분에게 반드시 멋진 미래가 기다리고 있을 것이라고 전 확신합니다.

이나모리 가즈오
생각의 힘

The Power of Thinking

이나모리 가즈오
생각의 힘

제1판 1쇄 발행 | 2018년 6월 15일
제1판 5쇄 발행 | 2024년 11월 11일

지은이 | 이나모리 가즈오
옮긴이 | 양준호
펴낸이 | 김수언
펴낸곳 | 한국경제신문 한경BP

주소 | 서울특별시 중구 청파로 463
기획출판팀 | 02-3604-590, 584
영업마케팅팀 | 02-3604-595, 562   FAX | 02-3604-599
H | http://bp.hankyung.com   E | bp@hankyung.com
F | www.facebook.com/hankyungbp
등록 | 제 2-315(1967. 5. 15)

ISBN 978-89-475-4342-2   03320